●●●○○ 三国通信 100 %

三国英雄群（22）

胥渡吧
XUDUBA

历史太好玩了！

古代帝王群聊

三国篇

胥渡 岩隈/著 姜东星/绘

朝華出版社
BLOSSOM PRESS

图书在版编目（CIP）数据

历史太好玩了！古代帝王群聊. 三国篇 / 胥渡，岩限著；姜东星绘. -- 北京：朝华出版社，2025. 6.

ISBN 978-7-5054-5700-3

Ⅰ. K209；K827=2

中国国家版本馆CIP数据核字第2025FJ8640号

历史太好玩了！古代帝王群聊·三国篇

作　　者　胥　渡　岩　限
绘　　者　姜东星

出版策划　紫云千阅
责任编辑　葛　琼
特约编辑　刘　俊
责任印制　陆竞赢　訾　坤
封面设计　主语设计

出版发行　朝华出版社
社　　址　北京市西城区百万庄大街 24 号　　　邮政编码　100037
订购电话　（010）68995509
联系版权　zhbq@cicg.org.cn
网　　址　http://zhcb.cicg.org.cn
印　　刷　三河市嘉科万达彩色印刷有限公司
经　　销　全国新华书店
开　　本　880mm × 1230mm　1/32　　　字　　数　146 千字
印　　张　9
版　　次　2025 年 6 月第 1 版　2025 年 6 月第 1 次印刷
装　　别　平
书　　号　ISBN 978-7-5054-5700-3
定　　价　59.80 元

前方高能

请勿喝水

登场人物图鉴

魏武帝

曹　操

庙号太祖　挟天子以令诸侯
官渡之战打败袁绍　唯才是举
悔杀华佗

吴大帝

孙　权

孙坚之子　孙策之弟
孙吴开国皇帝
“亲射虎，看孙郎”　探索台湾

汉昭烈帝

刘　备

庙号烈祖　仁厚　师从卢植
希望复兴汉室　白帝城托孤诸葛亮

忠武侯

诸葛亮

蜀汉丞相　武乡侯　“隆中对”
运筹帷幄　擅长治军　北伐中原
鞠躬尽瘁

罗贯中

《三国演义》　章回小说的鼻祖
发愤著书　善写战争
善刻画鲜明的人物形象

晋宣帝
司马懿

曹叡的托孤重臣　长寿
隐忍低调　发动高平陵政变
架空皇权

汉献帝
刘　协

东汉末代皇帝
先后受制于董卓、曹操
禅位于曹丕　受封“山阳公”

袁　绍

东汉末年军阀　汉末群雄之一
讨伐董卓　官渡之战中败给曹操

周　瑜

东吴名将　文武兼备　雄才大略
赤壁之战中与刘备大败曹操大军
“一时瑜亮”

鲁　肃

东吴第一谋士　辅佐孙权
坚持联刘抗曹　老实本分
高瞻远瞩

张　飞

蜀汉名将　西乡侯
与关羽并称“万人敌”
据水断桥　义释严颜

马　超

蜀汉名将　马腾之子
斄（tái）乡侯　起兵反曹
卷土凉州　故居茂陵山

魏文帝

曹 丕

曹操之子　政治家　文学家

迫使汉献帝禅让皇位

孝怀帝

刘 禅

别名阿斗　蜀汉末代皇帝　刘备之子

诸葛亮《出师表》上书于刘禅

“乐不思蜀”

晋文帝

司马昭

司马懿之子

“司马昭之心，路人皆知”

指使手下弑杀魏帝曹髦　其子开创晋朝

杨 仪

蜀汉官员

在诸葛亮身边出谋划策

与魏延不睦　诛灭魏延三族

魏　延

蜀汉名将　南郑侯
诸葛亮身边骁勇之人　镇守汉中
功勋卓著

杨　修

东汉末年文学家　“外七子”之一
官至丞相主簿　支持曹植
“鸡肋”之事　作《神女赋》

姜　维

蜀汉名将　天水功曹姜冏之子
受诸葛亮重用　致力北伐
天水有轨电车“伯约号”以其字命名

关　羽

别称“关公”“武圣”　汉寿亭侯
蜀汉名将　阵斩颜良　单刀赴会
威震华夏　败走麦城

吕布

号称“飞将”　东汉末年名将
汉末群雄之一　诛杀董卓
使曹操数战不利
“人中有吕布，马中有赤兔”

华佗

东汉末年著名医学家
“五禽戏”创始人
首创全身麻醉法
与董奉、张仲景合称为“建安三神医”

魏

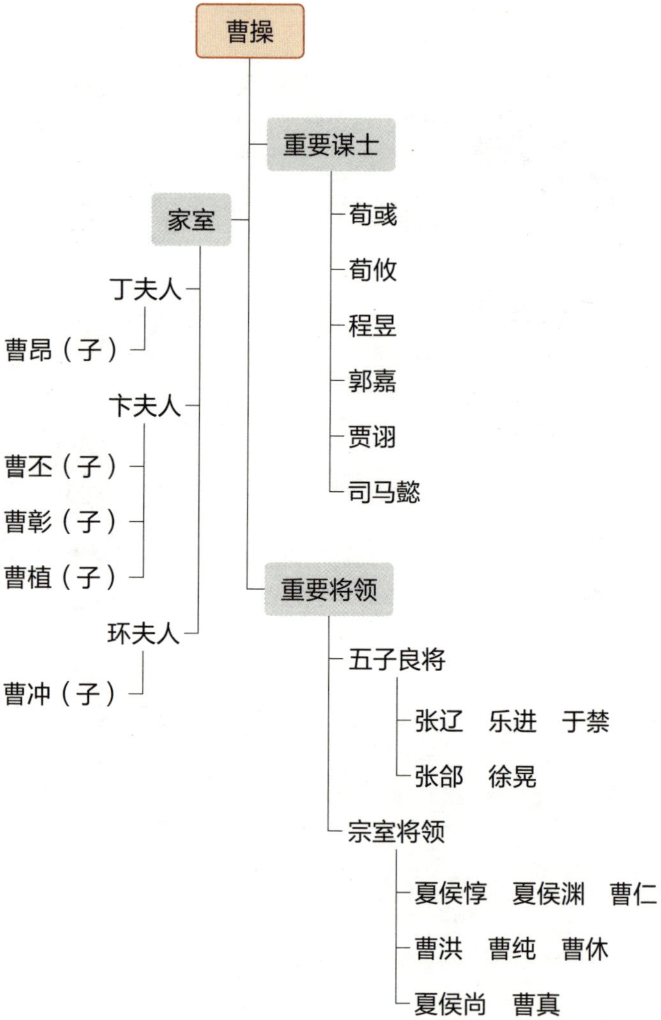

曹操
重要谋士
荀彧
荀攸
程昱
郭嘉
贾诩
司马懿
家室
丁夫人
曹昂（子）
卞夫人
曹丕（子）
曹彰（子）
曹植（子）
环夫人
曹冲（子）
重要将领
五子良将
张辽　乐进　于禁
张部　徐晃
宗室将领
夏侯惇　夏侯渊　曹仁
曹洪　曹纯　曹休
夏侯尚　曹真

蜀

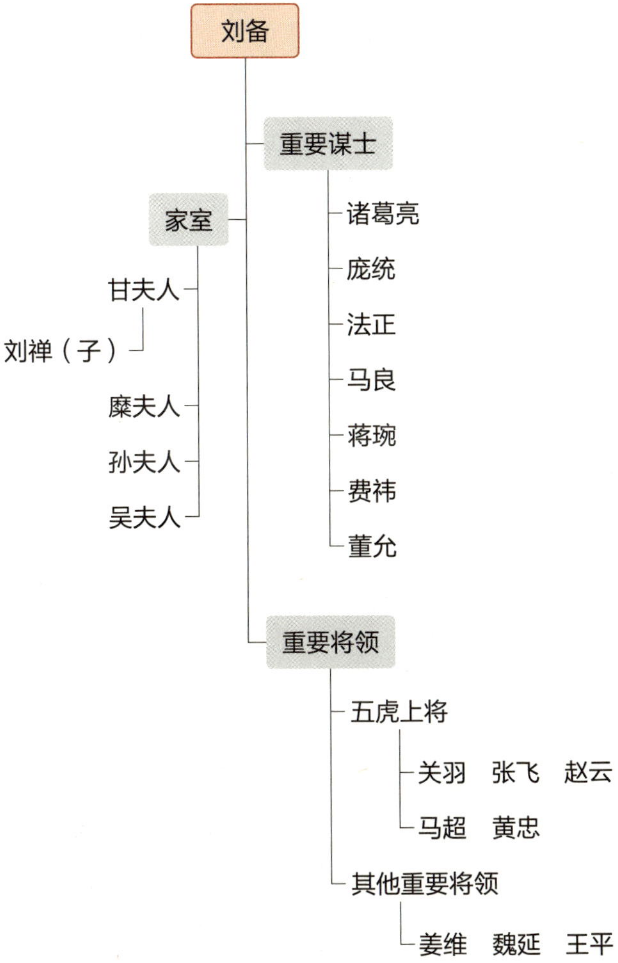
刘备
重要谋士
家室
诸葛亮
庞统
法正
马良
蒋琬
费祎
董允
甘夫人
刘禅（子）
糜夫人
孙夫人
吴夫人
重要将领
五虎上将
关羽　张飞　赵云
马超　黄忠
其他重要将领
姜维　魏延　王平

吴

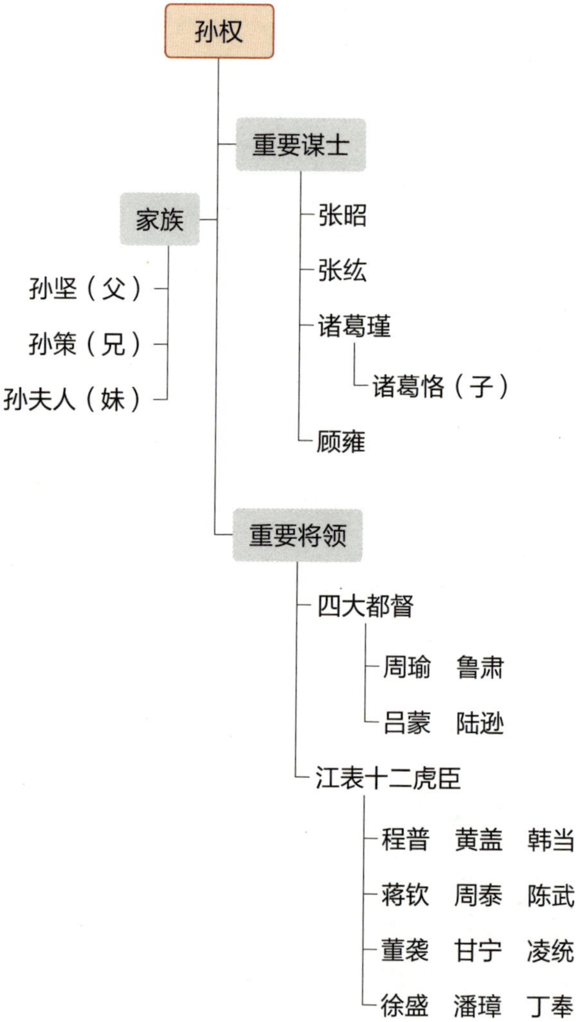
孙权
重要谋士
张昭
张纮
诸葛瑾
诸葛恪（子）
顾雍
家族
孙坚（父）
孙策（兄）
孙夫人（妹）
重要将领
四大都督
周瑜　鲁肃
吕蒙　陆逊
江表十二虎臣
程普　黄盖　韩当
蒋钦　周泰　陈武
董袭　甘宁　凌统
徐盛　潘璋　丁奉

目录

壹

在三国当群主太难了：

群主之位究竟花落谁家

●●●○○ 三国通信
100%
三国英雄群（3）
曹操
对酒当歌，人生几何，譬如朝露，我是曹孟德。
曹操
欢迎来到三国英雄群。
孙权
？？？
刘备
？？？
孙权
你是帝王吗？你还当群主？
刘备
就是，至少咱仨猜个拳吧？
刘备
不对，曹操都没称帝，要猜拳也该叫他儿子来才是。

敲黑板

曹操不仅是政治家、军事家，也是杰出的文学家。曹操的开场白化用了他的代表作《短歌行·其一》的前四句，原文如下：

对酒当歌，人生几何？
譬如朝露，去日苦多。

这首诗通过宴会中饮酒作歌场景的描写，抒写了曹操求贤若渴的心情和统一天下的雄心壮志。

●●●○○ 三国通信
100%
三国英雄群（3）
曹操
咳，我虽然没有称帝，但也被封了魏王，被追尊为“武帝”。
曹操
而且《三国志·魏书》第一卷就是《武帝纪》。

●●●○○ 三国通信
100%
三国英雄群（3）
曹操
《三国志》可是正史，我这是正史确认的“社会帝位”！
孙权
……
刘备
……
曹操
再说了，我说过这是帝王群吗？这是三国英雄群！

敲黑板

《三国志》是由西晋史学家陈寿所著，是一部记述三国时期历史的纪传体断代史史书，也是二十四史中评价最高的“前四史”之一。

●●●○○ 三国通信　100%

三国英雄群（4）

罗贯中

既然不是帝王群，那您可以拉人了！@刘备

曹操

这是谁啊？？？

刘备

这是我装的群聊机器人。

刘备

听说他是我家孔明先生的粉丝，我就给装上了。

“诸葛亮”通过扫描“刘备”分享的二维码加入群聊

诸葛亮

罗贯中

您好，罗贯中时刻为您服务。

●●●○○ 三国通信
100%
三国英雄群（4）
孙权
好家伙，原来是写《三国演义》的！
曹操
叉出去！换个写正史的陈寿进来！

敲黑板

《三国演义》全名为《三国志通俗演义》，是元末明初文学家罗贯中创作的长篇章回体历史演义小说，是中国古典四大名著之一。

罗贯中：元末明初文学家，除了《三国演义》，他还创作了《隋唐两朝志传》《残唐五代史演义》等小说。

●●●○○ 三国通信
100%
三国英雄群（4）
罗贯中
你就不怕写正史的进来揭露你的暴行?
曹操
至少人家承认我魏国政权是正统的。
曹操
比你这个尊刘贬曹的破小说家强上好几百倍!
罗贯中
但是我写的奸雄曹操，反而让你更有魅力了不是!
曹操
你把我写成了什么样心里没点儿数?
曹操
你要是还有点儿良知的话，就赶紧给我发个辟谣帖!

●●●○○ 三国通信 100%

三国英雄群（4）

罗贯中

好的。其实曹操并没有行刺董卓之勇。

罗贯中

那个行刺董卓失利的人是荀攸。

曹操

……

罗贯中

辟谣了！

曹操

不是这个！说说你是怎么把拥有雄才大略的我刻画成“奸绝”的！

罗贯中

好的。曹操主要屠城记录还有彭城、邺城。

罗贯中

我只写了徐州，削弱了曹操的雄才大略。

●●●○○ 三国通信
100%
三国英雄群（4）
曹操
……
罗贯中
辟谣内容都是事实，绝无捏造！
曹操
我借粮官的人头以稳军心可是你编的！
罗贯中
您缺粮时放任士兵抢粮和杀人却是真的。
曹操
……
诸葛亮
社稷丘墟，苍生涂炭！我从未见过有如此……
曹操
住口！我曾涂炭生灵，可也曾抚恤百姓，发展生产！

●●●○○ 三国通信
100%
三国英雄群（4）
曹操
相比之下，你们蜀汉后期“入其朝，不闻直言；经其野，民有菜色”。
曹操
你这位蜀丞相怎么好意思吐槽我！
刘备
等一等，“民有菜色”时候孔明都去世二十多年了。

敲黑板

蜀汉：后世对刘备政权的称呼。刘备在蜀地建国，自认是汉朝的延续，自称“汉”，但曹魏不承认其政权的正统性，认为其只是地方割据政权，因此称其为“蜀”。后世一般称其为“蜀汉”。蜀汉还有一个别称，叫“季汉”。古人讲“伯仲叔季”，季，就是老小、老幺、末位的意思，季汉——汉之季世，也就是指汉朝末世。这一称呼最早见于蜀汉臣子杨戏所著的《季汉辅臣赞》。

入其朝，不闻直言；经其野，民有菜色：出自《汉晋春秋》，吴国使者薛珝回国后描述蜀汉后期情景时说“主暗而不知其过，臣下容身以求免罪，入其朝不闻正言，经其野民皆菜色。臣闻燕雀处堂，子母相乐，自以为安也，突决栋焚，而燕雀怡然不知祸之将及，其是之谓乎！”，在《三国演义》中被化用为：“近日中常侍黄皓用事，公卿多阿附之。入其朝，不闻直言；经其野，民有菜色。所谓‘燕雀处堂，不知大厦之将焚’者也。”意思是：在朝堂之上，听不到大臣们直言进谏；路过田野，看到子民们面黄肌瘦。就像常说的“燕子麻雀待在大殿中央，却不知道整座大殿将要被焚毁”。

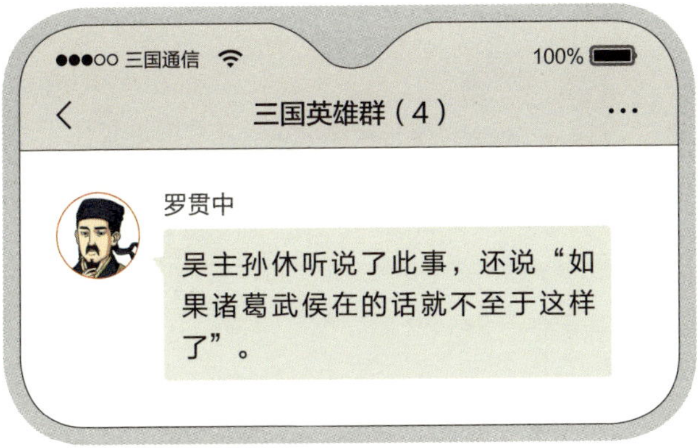

●●●○○ 三国通信
100%
三国英雄群（4）
罗贯中
吴主孙休听说了此事，还说“如果诸葛武侯在的话就不至于这样了”。

三国通信
100%
三国英雄群（4）
孙权
我家孩子会这么说话吗?
曹操
我猜这一段是罗贯中编的。
罗贯中
恭喜你，猜对了。
曹操
……
曹操
这厮怎么就净给对面编些好话呢！
孙权
这个罗贯中确实不公正。
诸葛亮
你看，无论历史怎样演绎，我季汉已经得到后世人民的推崇。

●●●○○ 三国通信
100%
三国英雄群（4）
诸葛亮
群主的位置当然要给众望所归的人。
刘备
丞相所言极是。曹操若识趣的话，就早日交出群主之位。
刘备
否则我将亲自鞭打你！
曹操
你还会打人？
刘备
就像当年我鞭打督邮那样……要知道正史上可是我鞭打了督邮。
曹操
那罗贯中为什么写成张飞鞭打的？
罗贯中
鞭打督邮有损刘备仁厚的形象，我就把这个故事写在了张飞身上。

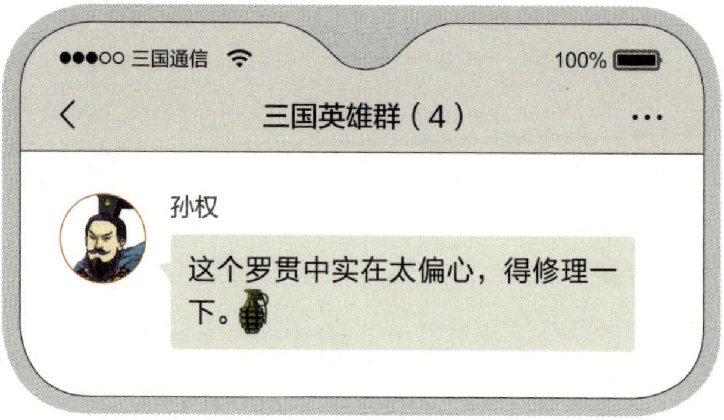

三国通信
100%
三国英雄群（4）
孙权
这个罗贯中实在太偏心，得修理一下。

敲黑板

《三国演义》作为历史小说，对真实历史进行了一定的演绎和加工，包括一些杜撰情节（如写曹操借粮官人头）和移花接木（如把行刺董卓的荀攸换成曹操，把鞭督邮的刘备换成张飞）。

类似的更改在历史小说中十分常见，但《三国演义》在塑造人物时的一些用力过猛之处也遭到了批评，如鲁迅所说“欲显刘备之长厚而似伪，状诸葛之多智而近妖”。瑕不掩瑜，这样的缺陷并不影响《三国演义》成为古代历史演义类小说中文学成就最高的作品。同时，作为第一部章回体长篇小说，它对通俗文学的发展和民间文艺审美的形成产生了深远的影响。

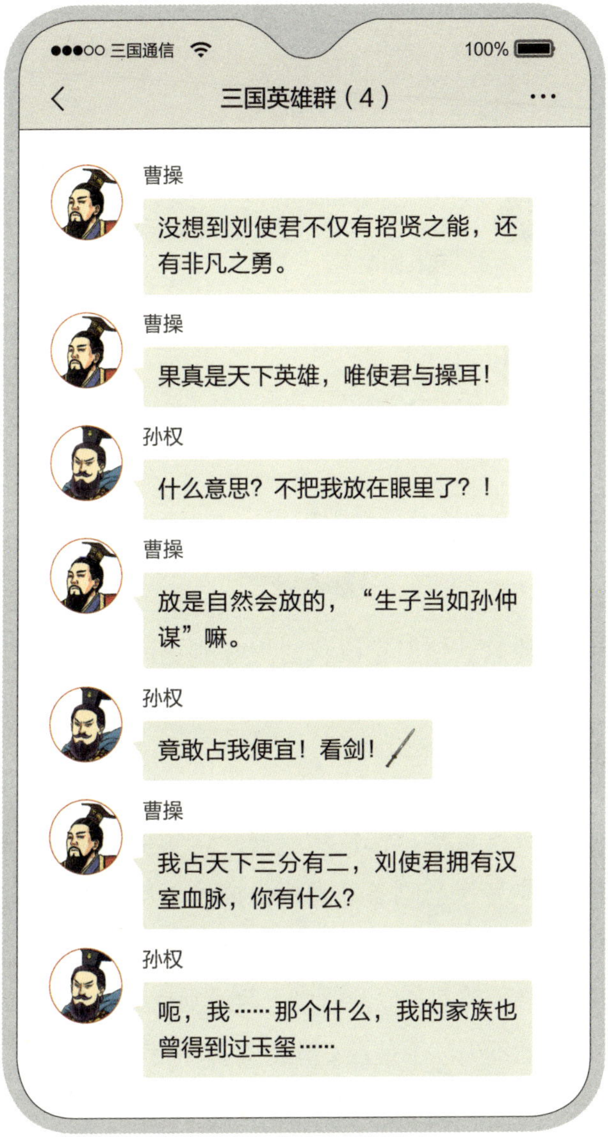
●●●○○ 三国通信
100%
三国英雄群（4）
曹操
没想到刘使君不仅有招贤之能，还有非凡之勇。
曹操
果真是天下英雄，唯使君与操耳！
孙权
什么意思？不把我放在眼里了？！
曹操
放是自然会放的，“生子当如孙仲谋”嘛。
孙权
竟敢占我便宜！看剑！
曹操
我占天下三分有二，刘使君拥有汉室血脉，你有什么？
孙权
呃，我……那个什么，我的家族也曾得到过玉玺……

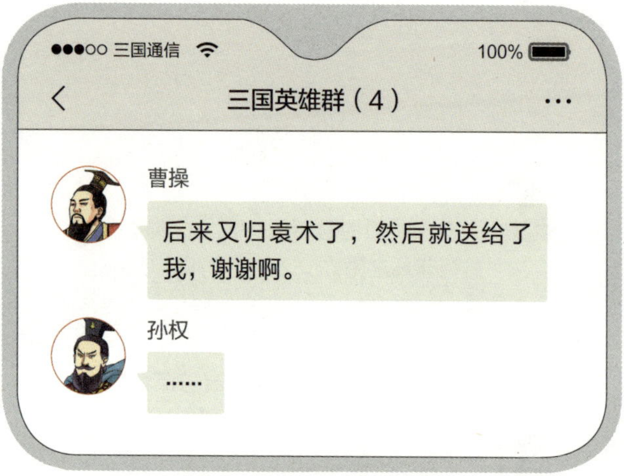

●●●○○ 三国通信
100%
三国英雄群（4）
曹操
后来又归袁术了，然后就送给了我，谢谢啊。
孙权
……

敲黑板

刘使君：使君是汉代对太守刺史的称呼，汉以后用作对州郡长官的尊称。刘备担任过豫州牧，所以称其“刘使君”。

今天下英雄，惟使君与操：这句话出自《三国演义》中曹操与刘备“青梅煮酒论英雄”的故事。曹操在白门楼诛杀吕布后携刘备等回到许昌。谋臣劝曹操早日除掉刘备以绝后患，曹操则认为刘备是个人才而犹豫不决，于是设宴款待刘备，用言语试探他。《三国志 · 蜀志 · 先主传》中记载，曹操对刘备说

“今天下英雄，唯使君与操耳”，但没有发生像《三国演义》中“煮酒论英雄”那样惊心动魄的故事。

生子当如孙仲谋：这句话是曹操对孙权（字仲谋）的赞叹之语，出自《三国志》裴松之注所引用的《吴历》。

孙家的玉玺：东汉末年，孙坚作为讨伐董卓的军阀之一，打败吕布攻入洛阳，并令部队清扫汉室宗庙，得到了传国玉玺，将其私藏。后来袁术拘禁孙坚妻子并夺走了玉玺。

●●●○○ 三国通信
100%
三国英雄群（6）
“罗贯中”邀请“司马懿”加入了群聊
“罗贯中”邀请“汉献帝”加入了群聊
司马懿
哎呀，最终天下不是归我司马一家了嘛！
司马懿
不如群主我来当吧。

●●●○○ 三国通信
100%
三国英雄群（6）
曹操
乱臣贼子，好一个“螳螂捕蝉，黄雀在后”！
司马懿
乱臣贼子喊谁呢！
曹操
……
罗贯中
司马懿，这就是你的问题了，让你辅助，可没让你超越啊！
司马懿
我也不想的！

敲黑板

曹操作为大汉丞相，生前并未称帝，但他实际上是曹魏政权的奠基人。

司马懿作为曹营重臣，生前并未称帝，但他实际上是晋代政权的奠基人。

●●●○○ 三国通信　100%

三国英雄群（6）

曹操

好了，群主是谁的问题这不就解决了嘛！

汉献帝

罗贯中

群成员曹操达成成就“挟天子以令诸侯”。

曹操

我在历史上是“奉天子以令不臣”，不是“挟天子以令诸侯”！

曹操

我尊奉天子，好命令那些怀有不臣之心的人，俗称“尊王攘夷”，懂吗?

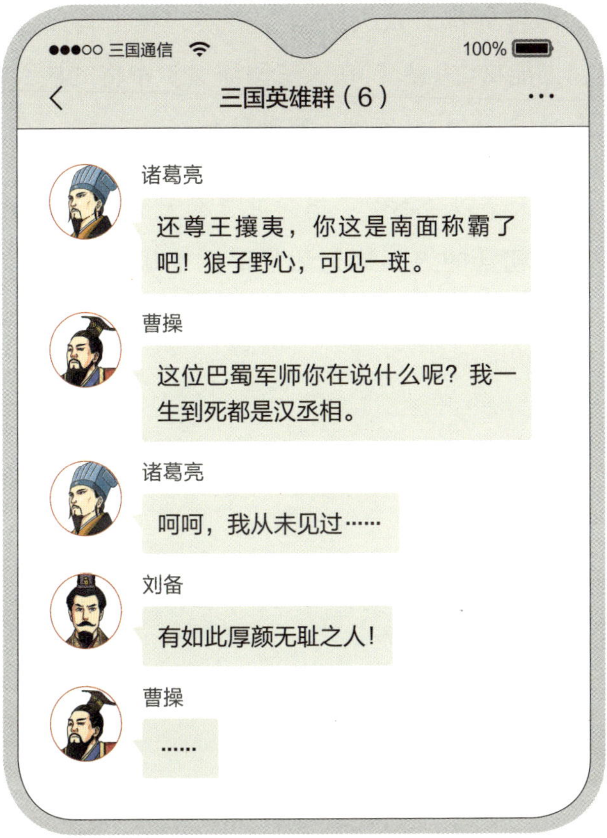

●●●○○ 三国通信
100%
三国英雄群（6）
诸葛亮
还尊王攘夷，你这是南面称霸了吧！狼子野心，可见一斑。
曹操
这位巴蜀军师你在说什么呢？我一生到死都是汉丞相。
诸葛亮
呵呵，我从未见过……
刘备
有如此厚颜无耻之人！
曹操
……

敲黑板

挟天子以令诸侯：指的是挟制皇帝，用皇帝的名义发号施令。《后汉书·袁绍传》中载："沮授说绍曰：'……且今州城粗定，兵强士附，西迎大驾，即宫邺都，挟天子而令诸侯，稸士马以讨不庭，谁能御之？’”在《三国演义》中将“挟天子以令诸侯”的说法安到了曹操身上。

🔈 奉天子以令不臣：指通过尊奉天子来号令那些不服从朝廷的人。这句话是谋士毛玠向曹操提出的：“奉天子以令不臣，修耕植，畜军资，如此则霸王之业可成也。”

贰

袁绍吐槽大会：

被皇帝梦坑惨的雄主

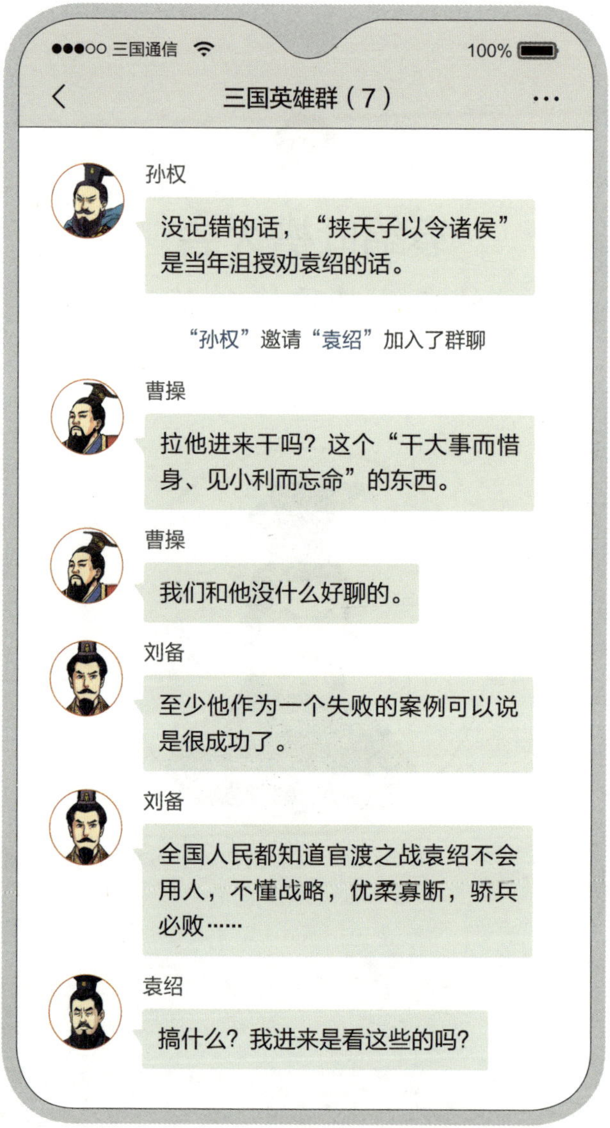
●●●○○ 三国通信
100%
三国英雄群（7）
孙权
没记错的话，“挟天子以令诸侯”是当年沮授劝袁绍的话。
“孙权”邀请“袁绍”加入了群聊
曹操
拉他进来干吗？这个“干大事而惜身、见小利而忘命”的东西。
曹操
我们和他没什么好聊的。
刘备
至少他作为一个失败的案例可以说是很成功了。
刘备
全国人民都知道官渡之战袁绍不会用人，不懂战略，优柔寡断，骄兵必败……
袁绍
搞什么？我进来是看这些的吗？

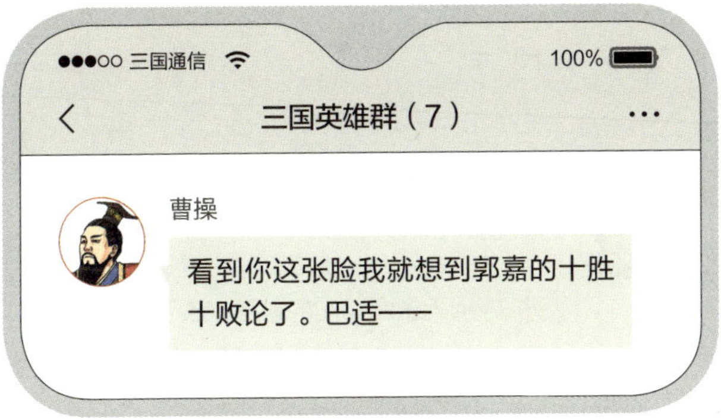

●●●○○ 三国通信
100%
三国英雄群（7）
曹操
看到你这张脸我就想到郭嘉的十胜十败论了。巴适——

敲黑板

官渡之战：建安五年（200），曹操与袁绍在官渡对峙并发生了一次战役，与赤壁之战、夷陵之战并称东汉末年三大战役。官渡之战是中国历史上著名的以弱胜强、以少胜多的战役，曹操取胜的关键在于奇袭了袁军在乌巢的粮仓，从而断了袁军的后路。此战为曹操统一北方奠定了基础。

十胜十败论：官渡之战前曹操信心不足，为了鼓舞他，郭嘉提出了著名的十胜十败论，分析曹袁之间的优劣，列出曹操胜过袁绍的十处优势，振奋了曹军士气，大大提高了官渡之战的胜算。

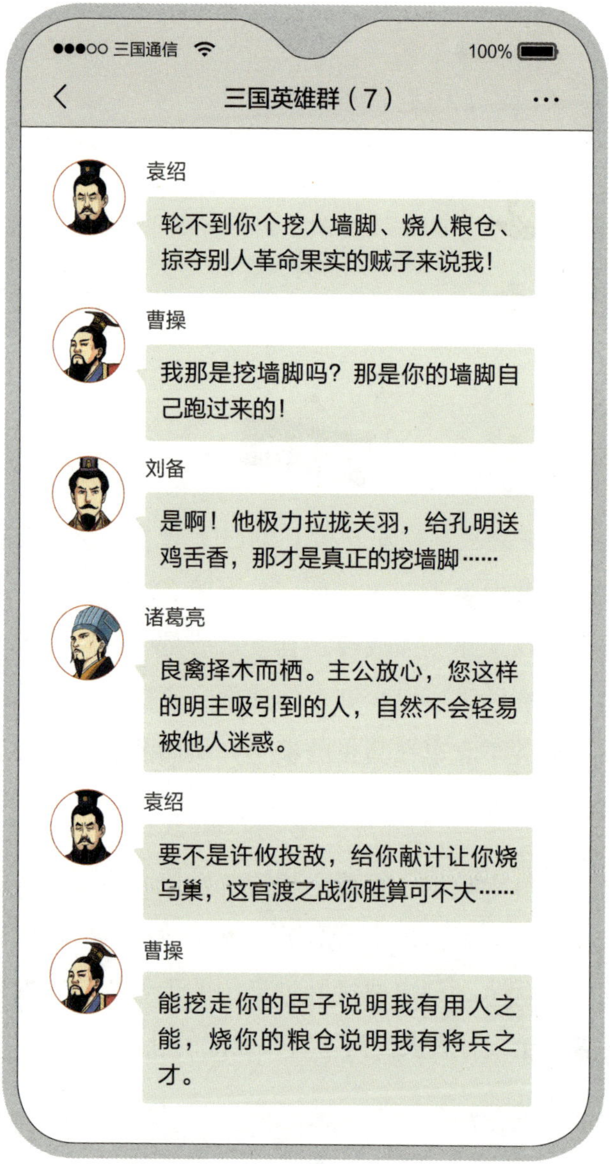
●●●○○ 三国通信
100%
三国英雄群（7）
袁绍
轮不到你个挖人墙脚、烧人粮仓、掠夺别人革命果实的贼子来说我！
曹操
我那是挖墙脚吗？那是你的墙脚自己跑过来的！
刘备
是啊！他极力拉拢关羽，给孔明送鸡舌香，那才是真正的挖墙脚……
诸葛亮
良禽择木而栖。主公放心，您这样的明主吸引到的人，自然不会轻易被他人迷惑。
袁绍
要不是许攸投敌，给你献计让你烧乌巢，这官渡之战你胜算可不大……
曹操
能挖走你的臣子说明我有用人之能，烧你的粮仓说明我有将兵之才。

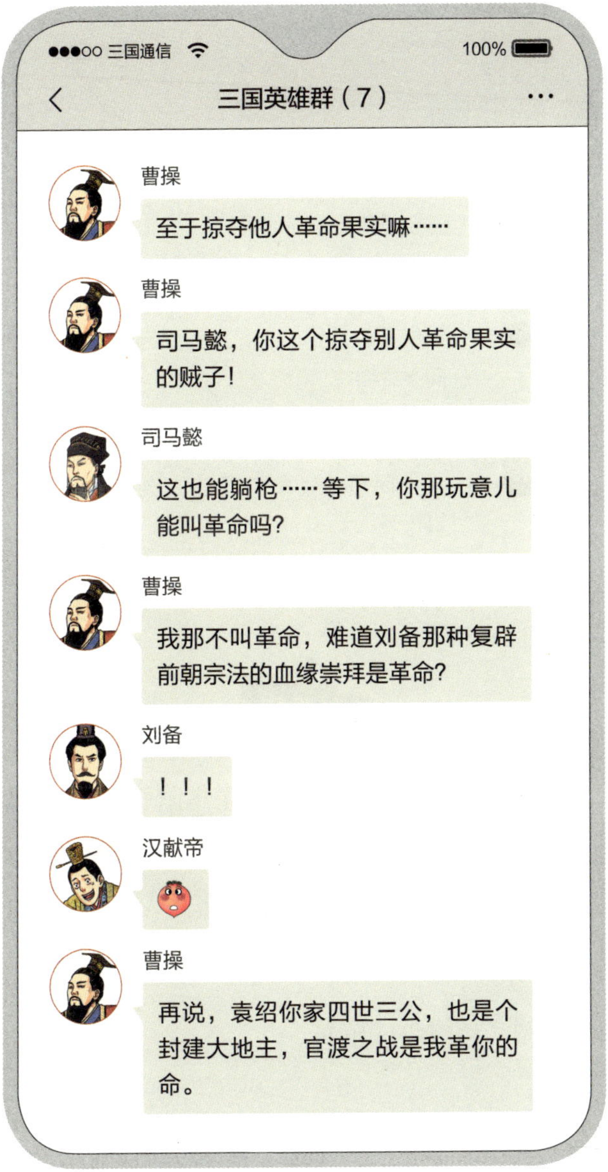
●●●○○ 三国通信
100%
三国英雄群（7）
曹操
至于掠夺他人革命果实嘛……
曹操
司马懿，你这个掠夺别人革命果实的贼子！
司马懿
这也能躺枪……等下，你那玩意儿能叫革命吗？
曹操
我那不叫革命，难道刘备那种复辟前朝宗法的血缘崇拜是革命？
刘备
！！！
汉献帝
曹操
再说，袁绍你家四世三公，也是个封建大地主，官渡之战是我革你的命。

●●●○○ 三国通信
100%
三国英雄群（7）
曹操
怎么是我抢夺你的果实？
袁绍
错付了。你我二人，还有那守乌巢的淳于琼。
袁绍
当年同是西园校尉，岂知会有今日……

西园八校尉：汉灵帝刘宏在洛阳西园招募壮丁组建的一个军事机构，用来削弱外戚大将军何进的兵权。《后汉书》卷八《孝灵帝纪》：“（中平五年，即188年）八月，初置西园八校尉。”

西园八校尉成员如下：

上军校尉——小黄门蹇硕

中军校尉——虎贲中郎将袁绍

下军校尉——屯骑都尉鲍鸿

典军校尉——议郎曹操

助军左校尉——赵融

助军右校尉——冯芳

左校尉——谏议大夫夏牟

右校尉——淳于琼

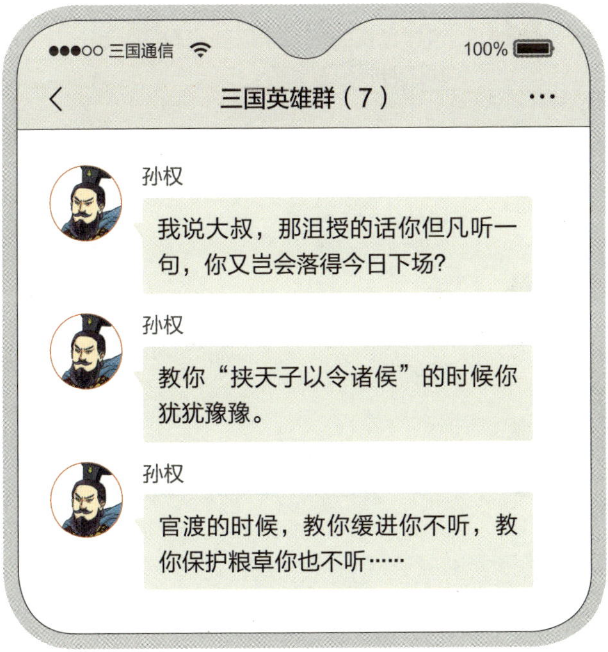

三国英雄群（7）

袁绍

轮得到你小子来说我？孙策教你“内事不决问张昭”，张昭的话你听过是怎的?

孙权

咳……我听过几句……

曹操

沮授是真的惨，未得到应有的礼遇却还时时想着袁绍。

曹操

没办法，我只好把这个不能为我所用的好谋士杀了。

刘备

田丰更惨吧，他有和沮授相似的才能与忠心。

刘备

好多计策都是他和沮授一起提的。

沮授和田丰都是袁绍的重要谋士，也都是统一河北过程中的关键人物。

沮授为袁绍制定了战略规划："横大河之北，合四州之地，收英雄之才，拥百万之众，迎大驾于西京，复宗庙于洛邑，号令天下，以讨未复……"田丰在袁绍平灭公孙瓒的过程中一直随军出谋划策，后来曾建议袁绍趁曹操讨伐刘备时进击许都，袁绍未采纳。

田丰和沮授一起劝谏袁绍不要出兵讨伐曹操，袁绍未听从二人的建议。田丰因触怒袁绍而被下狱。沮授跟随袁绍参加了官渡之战，他劝袁绍不要急于进军官渡、派兵保护乌巢粮草等，袁绍依旧未听从。袁绍在官渡溃败，逃回河北。沮授被俘，曹操拉拢不成，只能将其杀掉。田丰因进谗言被袁绍杀害。

🔊 内事不决问张昭：孙策死前将孙权托孤给张昭，留下“内事不决问张昭”的遗言。但孙权与张昭的君臣关系极为紧张，曾经因为意见相左，孙权竟对着张昭拔刀。于是张昭称病闭门，孙权大怒，下令用土堵上了张昭家的大门。张昭为表示态度坚决，也从内侧堵住大门。后来证明张昭的决策是对的，孙权悔悟，又去劝张昭回朝，张昭依旧闭门不出，于是孙权又下令放火烧了张昭家大门，张昭更加闭紧门户，孙权下令灭火后，在张昭家门口停留良久，并用车载他回宫，张昭不得已恢复了朝会。

●●●○○ 三国通信
100%
三国英雄群（7）
曹操
袁绍当时江山到手得太快，夜郎自大，因而刚愎自用。很典型了。
刘备
所以说骄兵必败啊。
孙权
刘老板的七十万大军被我陆逊火烧连营，也是骄兵必败吧。
刘备
……
曹操
孙老板说得对，你十万大军冲不破我张辽的八百人，也是骄兵必败。嘿嘿……
孙权
……
罗贯中
恭喜孙权喜提“孙十万”荣誉称号！

●●●○○ 三国通信
100%
三国英雄群（7）
孙权
这个罗贯中实在太没礼貌了，我先打为敬了！
罗贯中
你是挺有礼貌的，大魏吴王！
孙权
……

敲黑板

夷陵之战：蜀汉章武元年（221），蜀国与孙吴政权之间发生的一次战役。关羽失荆州被杀后，刘备以夺回荆州、为关羽报仇为由亲征东吴。孙权求和不成，遂令陆逊、朱然等应战。两军在夷陵一带对峙数月，到了夏季，气候闷热，刘备所带军队驻扎之地多有草木，陆逊以火攻之，大胜。刘备仅以身免，逃至白帝城，后在白帝城病逝。

🔈　火烧连营：夷陵之战中，吴将陆逊为避刘备兵锋，坚守不战，双方对峙，相持不下。蜀军远征路途中补给困难，加之入夏以后天气炎热，刘备便命蜀军在山林中安营扎寨，为其搭建阴凉之所，暂避酷暑。陆逊看准时机，命士兵每人带一把茅草，到达蜀军营垒时边放火边猛攻。蜀军营寨的木栅和周围的林木导致火势迅速蔓延，蜀军大乱，被吴军连破四十余营。

🔈　大魏吴王：曹丕称帝后，孙权为修复和曹魏的关系，于黄初二年（221），把降将于禁等送回北方，曹丕拜孙权为大将军，封吴王，加九锡。

叁

真·赤壁之战：

“没有赤壁之战就没有三分天下。”

●●●○○ 三国通信　　　　100%

三国英雄群（7）

刘备

各位都是作古的人了，叙叙旧，别那么剑拔弩张的！

孙权

赞同，只是叙叙旧。

孙权

对了，聊到三国，有一场战役我们不得不提，那就是——

曹操

（抢答）合肥之战！

孙权

你……

司马懿

不是合肥之战的话还有第二次合肥之战。

孙权

喂！！！

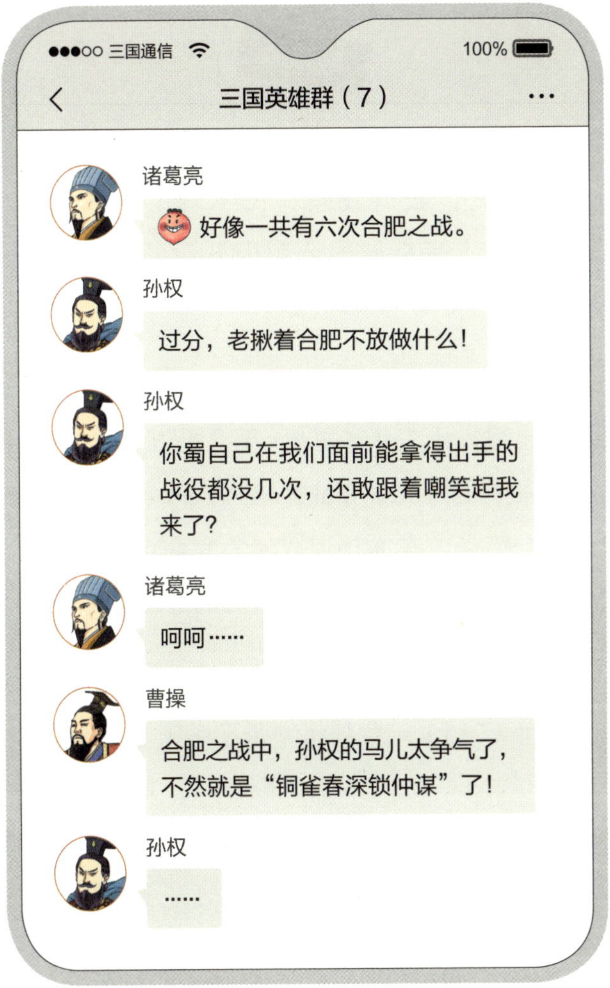
●●●○○ 三国通信
100%
三国英雄群（7）
诸葛亮
好像一共有六次合肥之战。
孙权
过分，老揪着合肥不放做什么！
孙权
你蜀自己在我们面前能拿得出手的战役都没几次，还敢跟着嘲笑起我来了？
诸葛亮
呵呵……
曹操
合肥之战中，孙权的马儿太争气了，不然就是"铜雀春深锁仲谋"了！
孙权
……

敲黑板

🔈 六次合肥之战：东汉末年国政混乱，江南地区屡经战火，城垣残破，民不聊生。建安五年（200），本是空城的合肥因刘馥的治理而繁荣稳固。

因合肥的地理位置非常重要，曹魏政权与吴政权之间自建安十三年（208）至嘉平五年（253）围绕合肥发生了六次争夺战。这六次战争都是东吴进犯合肥，结果败军而还或攻城不克而退。其中最为有名的是215年魏将张辽镇守合肥的逍遥津之战。

🔈 逍遥津之战：即吴魏政权第二次合肥之战。建安二十年（215），曹魏将领张辽率领七千人迎击东吴的十万大军，先后两次大破东吴，是三国时期最著名的以少胜多的战役之一。战役前期，张辽率领八百将士迎战东吴十万将士，一直冲杀到孙权的主帅旗下，孙权逃奔山顶。战至中午，吴军溃败。至战役后期，张辽率追兵毁桥，大破孙权、甘宁、凌统等人的多支部队，一举获胜。经此一役，张辽名声大噪，威震江东，留下“张辽止啼”的典故。

●●●○○ 三国通信
100%
三国英雄群（7）
孙权
讲三国，肯定得先说赤壁之战吧。这不是共识吗？
袁绍
我听说了，没有赤壁之战就没有三分天下。
袁绍
曹操当时刚刚统一北方不久，正值气盛，骄兵必败……
曹操
你还好意思说我！你自己在官渡输成什么样了！
刘备
大概就是因为输成那样才有了深刻的认识吧。
诸葛亮
真是"后人哀之而不鉴之，亦使后人而复哀后人也"……

●●●○○ 三国通信
100%
三国英雄群（7）
曹操
说人话！
罗贯中
他说你好像总能跌倒在前人的坑里。
曹操
这破机器人怎么还在群里?
罗贯中
罗贯中时刻为您服务。
曹操
哼，你给我记好了，赤壁一战，那是我让给江东小儿的！
罗贯中
您的情绪似乎不太好，需要我帮您呼叫一下华佗吗?
曹操
不用！！

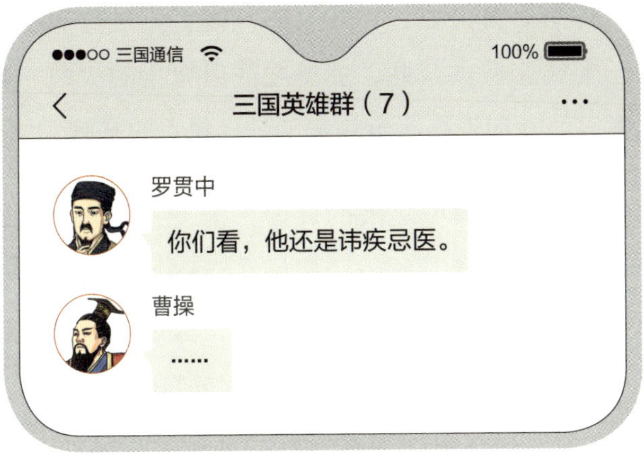

敲黑板

赤壁之战：建安十三年（208），曹操与孙权、刘备联军之间发生的一次战役。建安十二年（207），曹操征讨乌桓，平定北方，此后开始向南征伐。次年七月，曹操挥师南下。孙权召回周瑜应对强敌，并与刘备结成孙刘联盟。其间，周瑜部将黄盖献火攻之计，并诈降曹操。黄盖等人距离曹军两里远时放火，当时东南风正急，点燃了的船只像箭一样冲向曹军，尽烧其船。周瑜等人又率兵攻来，曹操败走华容道。刘备、周瑜水陆并进，追击曹操至南郡，曹军粮草短缺、瘟疫横行且死伤过半，曹操只得留曹仁、徐晃守江陵，乐进守襄阳，自己带兵北撤。至此，赤壁之战以曹操的失败、孙刘联盟的胜利告终，也奠定了三足鼎立的基础。

曹操对于赤壁之战的评价：据《三国志 · 周瑜传》引《江表传》所载，曹操在赤壁兵败后写信给孙权说："赤壁之役，值有疾病，孤烧船自退，横使周瑜虚获此名。"这体现了曹操的自信。

三国通信
100%
三国英雄群（8）
孙权
罗贯中，给我把赤壁之战的大功臣拉进群聊。
罗贯中
好的。
"东风"已加入了群聊
孙权
什么玩意儿?

●●●○○ 三国通信　　100%

三国英雄群（8）

罗贯中

东风啊。没有东风，赤壁之战怎么能赢呢?

孙权

打仗那会儿盛行的就是东风。

孙权

不是什么天赐的东西，更不是诸葛亮借来的。

罗贯中

虽说借东风的情节是我杜撰的，但如果没有诸葛亮舌战群儒，孙刘又怎能联合呢?

孙权

少胡扯！孙刘联合主要是因为我家鲁肃的努力！

孙权

别看你在《三国演义》里把他写得跟个呆萌的兔子似的。

●●●○○ 三国通信
100%
三国英雄群（8）
孙权
他在正史中可是弓马娴熟，专门射你这类人的大脑袋瓜子！
孙权
给我把鲁肃拉进来！
罗贯中
机器人无响应。
孙权
喂，再这样我拆了你！
刘备
哪有你这么说人家的！
孙权
哪有他那么说我家的！赤壁之战，是我家周瑜主导的！
孙权
草船借箭，是我的计策！都被他移花接木到孔明身上了！

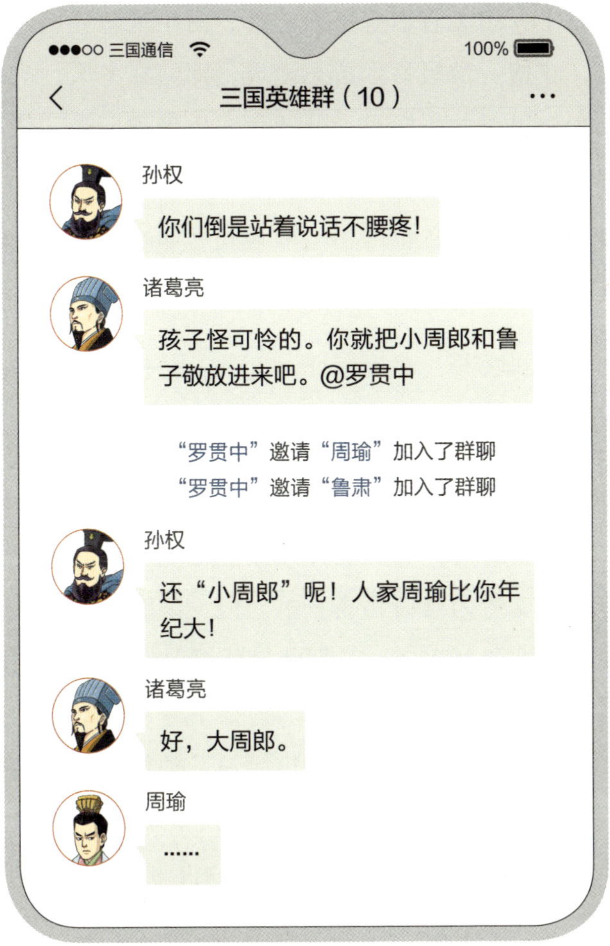

●●●○○ 三国通信
100%
三国英雄群（10）
孙权
你们倒是站着说话不腰疼！
诸葛亮
孩子怪可怜的。你就把小周郎和鲁子敬放进来吧。@罗贯中
"罗贯中"邀请"周瑜"加入了群聊
"罗贯中"邀请"鲁肃"加入了群聊
孙权
还"小周郎"呢！人家周瑜比你年纪大！
诸葛亮
好，大周郎。
周瑜
……

敲黑板

虚构的借东风：曹操与孙刘联军交战的地点赤

壁位于今湖北省赤壁市西北部，由于地理环境等原因，赤壁一带极易形成东南风，即使在冬天，当地刮东南风也并不罕见。叶圣陶先生曾评曰："依我辈经验，冬令应多西北风，殊不知出峡而下，鄂西一带，天晴即吹东南风。诸葛亮周瑜殆知之，故有赤壁之胜。"

🔈 孙刘联军：曹操南征，刘备、孙权同样处在被攻打的境地，唇亡齿寒。在鲁肃与诸葛亮等人的努力下，孙刘双方结成联盟，共抗曹操。

🔈 草船借箭：历史上并无赤壁之战中周瑜以十天造十万支箭为难诸葛亮一事。但《魏略》中记载，建安十八年（213），曹操与孙权对峙时，孙权曾坐船到曹军附近刺探军情。曹操下令弓弩乱发，孙权的船被射满了箭而向一边倾斜，孙权下令让船掉头，使其另一面受箭，船又重回平衡。《三国演义》中草船借箭的原型大概就是这件事。

🔈 周瑜的年纪：在后世的戏曲等艺术创作中，周瑜常被称为"小周郎"，且周瑜少年成名，逝世时也只有三十六岁，形象通常非常年轻。而诸葛亮多以沉稳、多谋的军师形象出现，又有称其"相父"

的刘禅作为衬托，形象通常比较成熟，因此周瑜经常被误认为比诸葛亮年轻。实际上，周瑜生于公元175年，诸葛亮生于公元181年，周瑜比诸葛亮年长六岁。

●●●○○ 三国通信
100%
三国英雄群（10）
曹操
身边文武齐备，真不愧是可以当我儿子的人。
孙权
鲁肃，放箭！@鲁肃
罗贯中
检测到您的语言中有教唆他人实施暴力的成分，警告一次！
曹操
提示得好。
周瑜
嗬，这不是笑我无谋的曹丞相嘛！

●●●○○ 三国通信　　100%

三国英雄群（10）

曹操

嗬，这不是被人气死的小周郎嘛！

孙权

你两个怎么拿着《三国演义》里杜撰的内容对骂起来了？

鲁肃

大概因为他们俩被《三国演义》抹黑得最典型。

鲁肃

所以用《三国演义》里的内容对骂显得格外有杀伤力。

曹操

人家周瑜可太感谢《三国演义》给他封的大都督的官衔了。

曹操

是吧，周左督？

周瑜

曹操也是，老喜欢罗贯中给他安排的行刺董卓的戏份了。

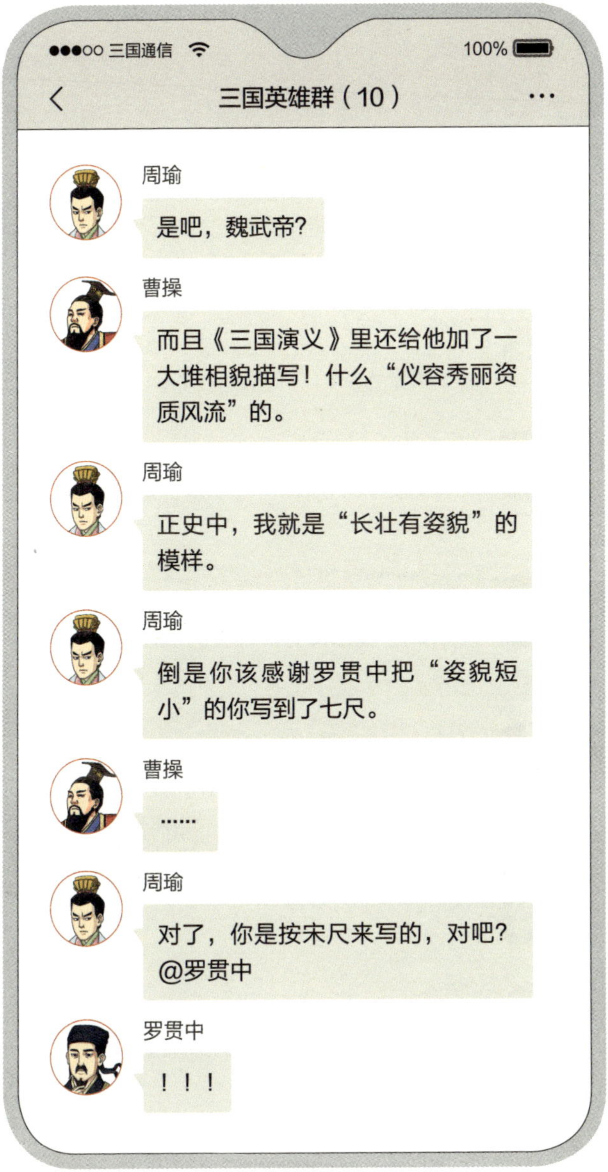
●●●○○ 三国通信
100%
三国英雄群（10）
周瑜
是吧，魏武帝?
曹操
而且《三国演义》里还给他加了一大堆相貌描写！什么"仪容秀丽资质风流"的。
周瑜
正史中，我就是"长壮有姿貌"的模样。
周瑜
倒是你该感谢罗贯中把"姿貌短小"的你写到了七尺。
曹操
……
周瑜
对了，你是按宋尺来写的，对吧?@罗贯中
罗贯中
！！！

●●●○○ 三国通信
100%
三国英雄群（10）
曹操
如果罗贯中真按宋尺写的话，那我应该有两米一，孔明有两米五？
周瑜
多好！
罗贯中
非凡之人的相貌往往是异于普通人的……
刘备
行吧，我知道为什么我的耳朵那么大了。
孙权
这就是你把我写成碧眼儿的理由？！
罗贯中
……
周瑜
算了，算了。

●●●○○ 三国通信
100%
三国英雄群（10）
孙权
当年我哥哥对我说，外事不决问周瑜。
孙权
而今出现了一个破小说家把周瑜写成诸葛亮的陪衬，我砍砍他怎么了！
曹操
其实这句“外事不决问周瑜”也是那位破小说家编的。
周瑜
咳……
袁绍
与前半句“内事不决问张昭”类似的话他倒确实说过，不过张昭的话你听过吗?
孙权
张昭要是长成周瑜这模样，他说什么我都会听！

●●●○○ 三国通信
100%
三国英雄群（10）
曹操
噫！！！
刘备
噫！！！
司马懿
噫！！！

敲黑板

周瑜的官衔：据《三国志》记载，赤壁之战中程普、周瑜分领左右都督，而《三国演义》中周瑜则为大都督。

孙策托孤：《三国志·张昭传》中写道：“策临亡，以弟权托昭，昭率群僚立而辅之。”注引《吴历》曰：“策谓昭曰：‘若仲谋不任事者，君便自取之……’”即孙策临终前将孙权托付给张昭，甚至给了他“自取之”的权力。《三国志》虽只写了孙权托孤张昭，未写明托孤周瑜，但通过孙策对周瑜的职位安排可知，周瑜实际上是孙策的军事托孤对象，与张昭形成“文武双辅”格局。周瑜的谏言多涉军事，孙权对其判断近乎无条件信任；而张昭的政见常常让孙权“直言难从”，故逐渐被疏远。

●●●○○ 三国通信
100%
三国英雄群（10）
孙权
有问题吗？这么漂亮又文武双全的名将，你们有吗？
袁绍
那什么，借个上将潘凤……
曹操
不如直接上关羽！
罗贯中
系统检测到曹操想邀请关羽加入群聊。

●●●○○ 三国通信　100%

三国英雄群（11）

刘备

等一下，关羽什么时候需要曹操来邀请了？

曹操

关羽被封汉寿亭侯也该算我半分恩情，我邀请他有何不可？

罗贯中

邀请失败，请先添加对方为好友。

曹操

……

刘备

我就料定邀请不会成功。

刘备

我二弟最近忙得很，庙里来求福的人太多了，哪应付得过来呀！

刘备

我把三弟叫来跟大家玩玩吧。

“刘备”邀请“张飞”加入了群聊

●●●○○ 三国通信
100%
三国英雄群（11）
张飞
大哥！！！！
曹操
孙权问的是漂亮名将，你叫来个奇形怪状的人，这不是显得你蜀汉无人吗？
张飞
怎么？嫌我生得丑？吃俺一板斧！
刘备
相信我，我认识的那个三弟，他不长这样。
孙权
这么说来又是罗贯中的锅？
罗贯中
不，我认识的那个张飞将军，也不长这样……

敲黑板

关羽汉寿亭侯的来历：建安五年（200），曹操抓住关羽，对他礼遇有加。关羽暂留曹营，后来袁绍派颜良围攻东郡太守刘延于白马，曹操派张辽、关羽迎击。关羽于万军之中斩颜良，而袁绍手下将领无人可敌关羽，白马之围因而解除。曹操于是上表汉献帝请封关羽为汉寿亭侯。汉寿为地名，亭侯为等级。

张飞的形象：张飞，字益德，小说《三国演义》及后世戏剧作品中则多写作“翼德”。《三国志》中对张飞的相貌没有记载，但有一段文字描写张飞喝退曹军：“飞据水断桥，瞋目横矛曰：‘身是张益德也，可来共决死！’敌皆无敢近者，故遂得免。”既然能喝退敌军，那张飞的形象应该是威猛雄壮的，至少在他“瞋目横矛”时，他的相貌可以配合他的气势起到“敌皆无敢近者”的作用。张飞在后世越来越近于“凶神恶煞、黑脸大汉”的艺术形象大概也源于《三国志》中的这段文字。

●●●○○ 三国通信
100%
三国英雄群（12）
张飞
你们在说什么？我怎么一句也听不懂？！军师呢？军师帮我翻译翻译……
刘备
嘘，军师在午睡。
张飞
嘿，他还敢睡觉！我去放把火，看他醒不醒。
曹操
我看这个刘备就是差劲。几年不见，他现在连个相貌端正的将军都叫不出来了吗？
刘备
我倒是能叫出来，就是怕他吓到你。
曹操
哈哈哈哈哈，我是什么样的人，能轻易被弹丸之国的将军吓到？
"刘备"邀请"马超"加入了群聊

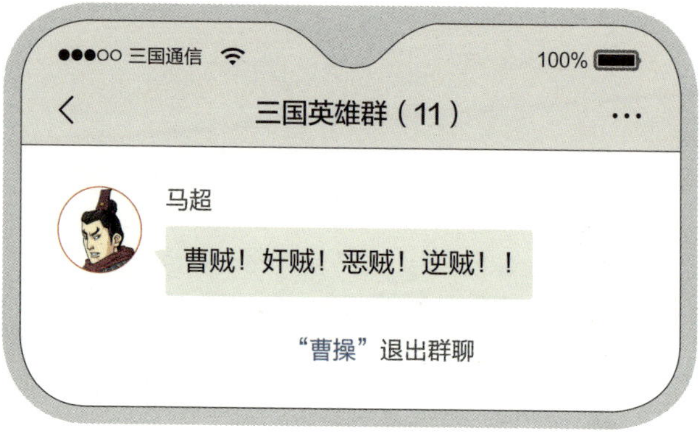
●●●○○ 三国通信
100%
三国英雄群（11）
马超
曹贼！奸贼！恶贼！逆贼！！
“曹操”退出群聊

敲黑板

马超，字孟起，汉末三国时期蜀汉名将。他的父亲是西北军阀马腾，马腾在关中地区深受百姓爱戴。曹操担心马腾对自己形成威胁，于是在赤壁之战前夕劝说马腾放弃军队，入朝担任卫尉。马腾入朝后，其子马超为偏将军，继续统领其父军队。

建安十六年（211），曹操准备进攻关中，收回早已经被马超、韩遂等人瓜分的关中控制权。于是马超联合韩遂抵抗曹操，并在潼关之战中与曹军对峙，这对曹操造成了很大的威胁。曹操利用关中军阀林立、内部不和的矛盾，分化了马超、韩遂等关中军阀，最终取得了战争的胜利。马超投奔汉中张鲁，韩遂被平定。次年，曹操诛杀马腾，并夷灭其三族。

肆

魏蜀吴互踩：

轰轰烈烈的三国时代要再起战争了吗？

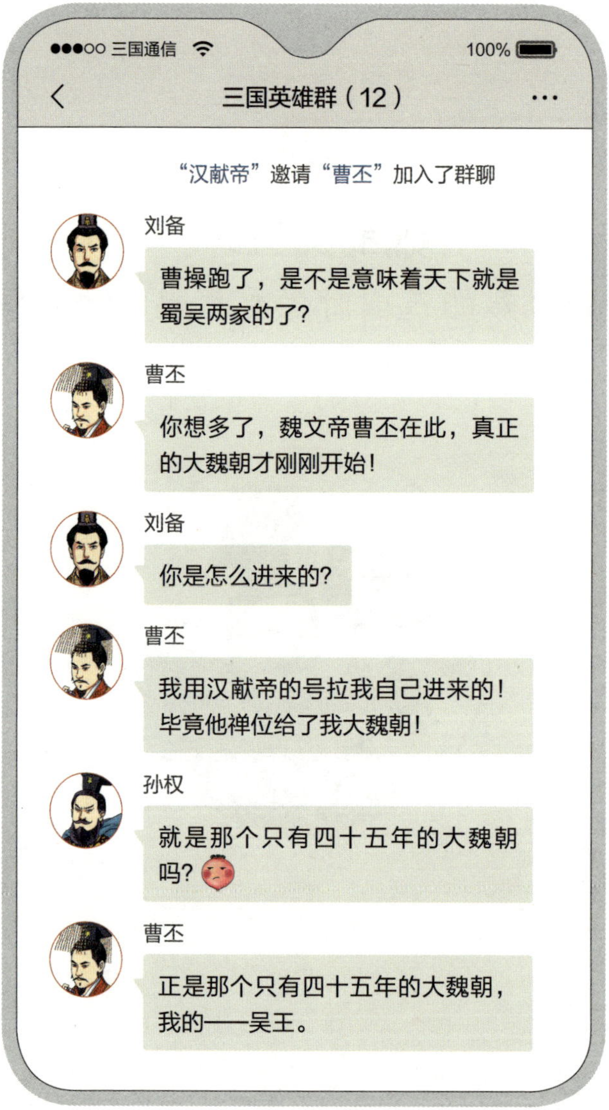

●●●○○ 三国通信
100%
三国英雄群（12）
“汉献帝”邀请“曹丕”加入了群聊
刘备
曹操跑了，是不是意味着天下就是蜀吴两家的了？
曹丕
你想多了，魏文帝曹丕在此，真正的大魏朝才刚刚开始！
刘备
你是怎么进来的？
曹丕
我用汉献帝的号拉我自己进来的！毕竟他禅位给了我大魏朝！
孙权
就是那个只有四十五年的大魏朝吗？
曹丕
正是那个只有四十五年的大魏朝，我的——吴王。

●●●○○ 三国通信
100%
三国英雄群（12）
孙权
你……你这个……
曹丕
怎么？要夸我吗？可劲儿夸，谁不知道我文才绝世，政绩斐然！
孙权
呵呵，谁都知道你在政治上的成就远不如你爸爸曹操。
孙权
在文学上的名声也难以匹敌你弟弟曹植！
曹丕
轮得到你来嘲笑我了？那咱们就来比试比试。
孙权
来就来，我掌权以来，发展生产、富国强兵，江东一片欣欣向荣。

●●●○○ 三国通信　　100%

三国英雄群（12）

曹丕

区区富国强兵有什么用啊？我可是改革了中央官僚制度。

曹丕

我为后世多朝政治制度奠定了基础。设中书省，立九品中正制。

孙权

嗯？就是那个导致世家大族垄断官位、地方人才匮乏……

孙权

完全不会替寒门百姓考虑的九品中正制吗？

曹丕

至少我加强了中央管理的效率，不像你，和朝廷老臣的关系都处理不好。

曹丕

跟张昭吵个架把人家大门都烧了！

●●●○○ 三国通信
100%
三国英雄群（12）
孙权
有意见吗？上一个这么干的是晋文公对介子推！还留下了寒食节的佳话！
周瑜
没错！我们东吴君臣和睦！主公和张公吵架那是一个愿打一个愿挨！
司马懿
真的是很不惜才啊。
孙权
倒是曹丕他太惜才，大魏朝之后才有了“晋”吧？
曹丕
住口！
司马懿
就是，我临死还要和我主同葬首阳山呢，我对大魏的忠心由此可见一斑。

●●●○○ 三国通信
100%
三国英雄群（12）
司马懿
我家子孙的所作所为与我无关哪。
周瑜
在某种意义上是反向的“一个愿打一个愿挨”。
鲁肃
这么说来，曹家子孙的作为也与汉丞相曹操无关了？
汉献帝
！

敲黑板

大魏：由曹丕建立的政权（220—265），多称曹魏，也称前魏或先魏。延康元年（220），曹丕逼汉献帝刘协禅让，建立曹魏。咸熙二年（265），司马炎逼曹奂禅让，建立晋朝，曹魏灭亡。

🔈　九品中正制：一种选官制度，上承察举制，下启科举制。曹丕执政时，九品中正制由尚书令陈群制定，后逐渐发展成为魏晋南北朝时期重要的选官制度。九品中正制创立之初，选拔官吏要从家世、德、才三项进行评判。但随着时间的推移和朝堂官员结构的变化，家世一项越来越受重视，德、才则被忽视，九品中正制最终成为世家大族垄断官吏选拔途径的工具，形成“上品无寒门，下品无士族”的局面。世家大族通过九品中正制实现在官吏选拔上的垄断，并发展壮大，出现以琅邪王氏、五姓七望等为代表的顶级门阀。这一制度直到隋唐世家衰败、科举制创立时才被废除。

🔈　寒食节：中国传统节日，在清明节前一两天。据记载，骊姬之乱时，晋国公子重耳流亡他乡十九年，介子推始终陪伴在其左右。后来重耳在秦穆公的支持下归国，杀晋怀公自立为晋文公。介子推不求功名利禄，携母归隐山林，不肯与重耳相见。重耳为逼其出山下令放火，介子推被烧死。重耳深为愧疚，将其葬于绵山，又改绵山为介山，为其立庙祭祀，并下令每年在介子推被烧死的日子禁火寒食，后演变为寒食节。

●●●○○ 三国通信　100%

三国英雄群（12）

孙权

再说到百姓的话题，我的屯田方针使吴国百姓多年免受饥荒之苦。

孙权

更是有丰足粮草以备战时所需。

孙权

我还兴修了水利，几条运河更是能造福后世。曹丕你没有吧?

曹丕

我的《典论》也能造福后世！若论文化价值，这一本书的分量就能把你拍没!

孙权

扯文化价值呀？我开辟了江左直通东北地区的海上路线，促进了江左与东北地区经济文化的交流，东吴与辽东可以对你大魏形成两面包夹之势。

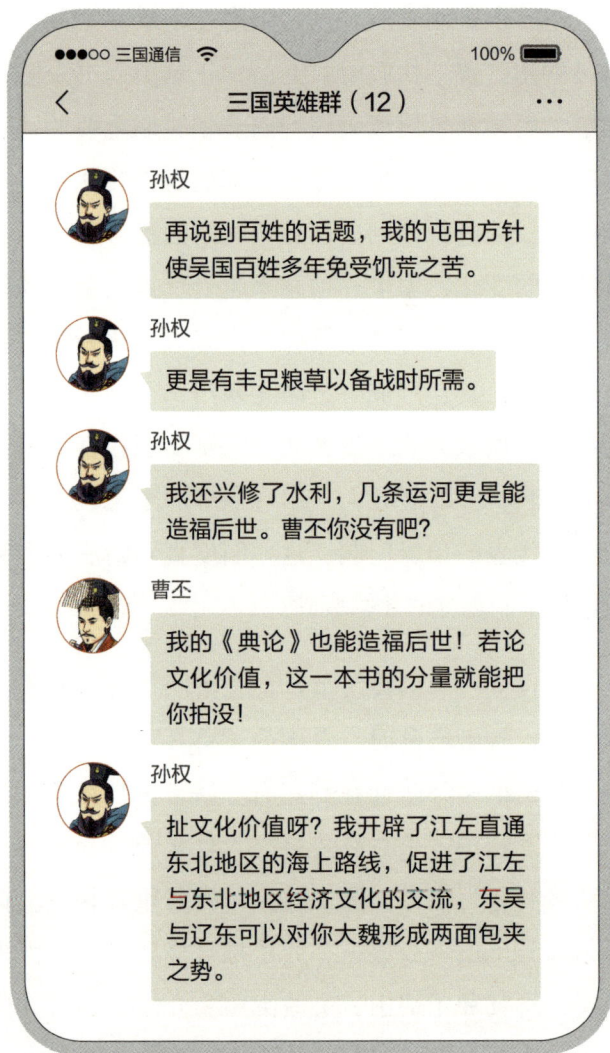

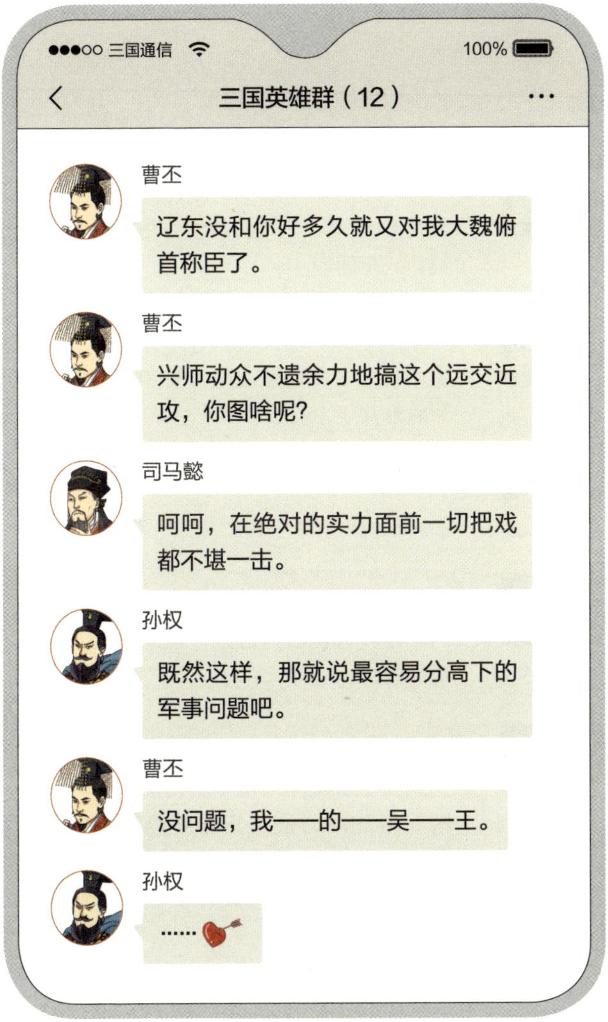
●●●○○ 三国通信
100%
三国英雄群（12）
曹丕
辽东没和你好多久就又对我大魏俯首称臣了。
曹丕
兴师动众不遗余力地搞这个远交近攻，你图啥呢？
司马懿
呵呵，在绝对的实力面前一切把戏都不堪一击。
孙权
既然这样，那就说最容易分高下的军事问题吧。
曹丕
没问题，我——的——吴——王。
孙权
……

●●●○○ 三国通信 100%

三国英雄群（12）

鲁肃

我主称帝后，在山越地区设立郡县，扩充领地。

鲁肃

集中兵力一举攻破山越，安定了我军后方。

曹丕

然后跟我大魏争夺合肥两次未果。

曹丕

后来趁我去世后打过来，也还是无功而返。

曹丕

倒是我三次伐吴作用不小，乱了吴国军事的同时还平定了我魏的叛乱。

司马懿

不愧是你。

敲黑板

《典论》：曹丕著作，仅存三篇。《典论》中的《论文》一篇，是中国文学批评史上第一篇文学专论。

山越：汉末三国时期分布于孙吴诸郡县山区的武装族群的统称。对于山越的来源，目前没有统一的观点，有观点认为他们是世代生活在山里的“百越遗民”，也有观点认为他们是普通的山贼土匪。三国时期，孙吴政权常受山越侵扰，最终经过几十年的征讨，东吴地区的大部分山越被消灭。

辽东：辽河以东地区，是中国东北地区的重要区域，大致相当于今天的辽宁省全部、吉林省南部。汉末三国时期，辽东地区为公孙氏所控制。青龙元年（233），公孙渊向孙权称藩，孙权派张弥、许晏到辽东拜公孙渊为燕王，但公孙渊杀了两位来使。魏明帝曹叡又拜公孙渊为大司马，受封乐浪公。景初元年（237），公孙渊又叛魏，自立为燕王，并置百官。景初二年（238），司马懿奉曹叡之命平定辽东，公孙渊抵御失利，为魏军所斩。至此，割据辽东近五十年的公孙家族彻底退出了政治舞台。

●●●○○ 三国通信
100%
三国英雄群（12）
孙权
你不过是借你父亲的基业仗势欺人罢了！怎比我年少时临危受命……
曹丕
哟哟，开始走苦情路线了吗？这个我比你会。
曹丕
念君客游思断肠。慊慊思归恋故乡，君何淹留寄他方？
孙权
聒噪死了，谁来给我把这玩意儿翻译成人话？
罗贯中
您好，罗贯中时刻为您服务！
孙权
没人叫你！
罗贯中
此诗名为《燕歌行》，是言情诗的名作，也是现存最早的完整七言诗……

●●●○○ 三国通信
100%
三国英雄群（12）
孙权
你也听不懂人话是吧？
鲁肃
主公如有不悦，我可以一箭双雕把这两个鸟文人射下来。
罗贯中
该群不具备提供武器的功能，请自备。
孙权
罗贯中
这气氛是怎么回事？你们要发动新的战争了吗？那我得写进《三国演义》！
孙权
你闭嘴！
曹丕
你闭嘴！

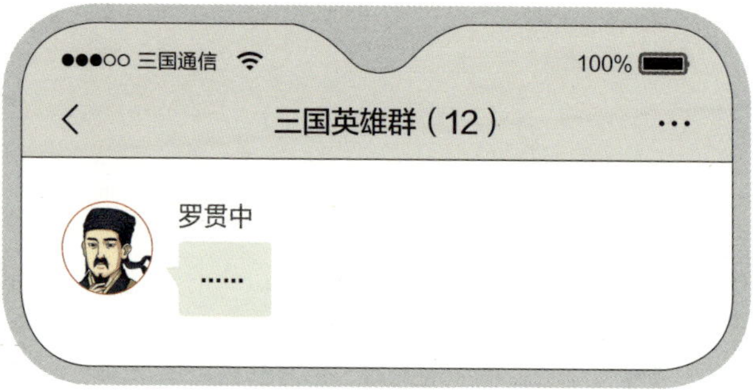

敲黑板

《燕歌行二首》：作者是曹丕。这首诗在中国文学史上占有很重要的地位，是中国文学史上现存最早的完整的七言诗之一。这组诗描写的是一个女子对常年在外的丈夫的思念。

其一

秋风萧瑟天气凉，草木摇落露为霜。
群燕辞归雁南翔，念君客游思断肠。
慊慊思归恋故乡，君何淹留寄他方？
贱妾茕茕守空房，忧来思君不敢忘，
不觉泪下沾衣裳。
援琴鸣弦发清商，短歌微吟不能长。
明月皎皎照我床，星汉西流夜未央。

牵牛织女遥相望，尔独何辜限河梁。

其二

别日何易会日难，山川悠远路漫漫。
郁陶思君未敢言，寄声浮云往不还。
涕零雨面毁容颜，谁能怀忧独不叹？
展诗清歌聊自宽，乐往哀来摧肺肝。
耿耿伏枕不能眠，披衣出户步东西，
仰看星月观云间。
飞鸧晨鸣声可怜，留连顾怀不能存。

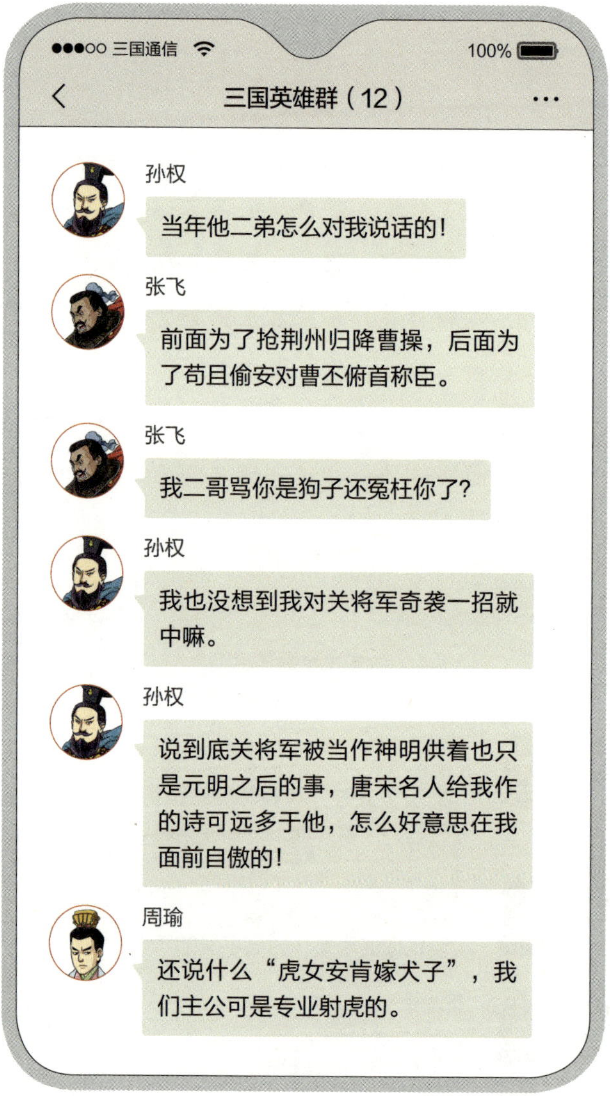
●●●○○ 三国通信
100%
三国英雄群（12）
孙权
当年他二弟怎么对我说话的！
张飞
前面为了抢荆州归降曹操，后面为了苟且偷安对曹丕俯首称臣。
张飞
我二哥骂你是狗子还冤枉你了？
孙权
我也没想到我对关将军奇袭一招就中嘛。
孙权
说到底关将军被当作神明供着也只是元明之后的事，唐宋名人给我作的诗可远多于他，怎么好意思在我面前自傲的！
周瑜
还说什么“虎女安肯嫁犬子”，我们主公可是专业射虎的。

●●●○○ 三国通信
100%
三国英雄群（12）
张飞
我们没找你们算账，你们倒是先骂起人来了？！
孙权
说起算账啊，我说张将军，白衣军置办得如何啦?
张飞
你……
孙权
当时你们不都集结大军打过来了吗?
孙权
气势汹汹地来，结果被打得逃到了白帝城去托孤。
刘备
……
诸葛亮
……

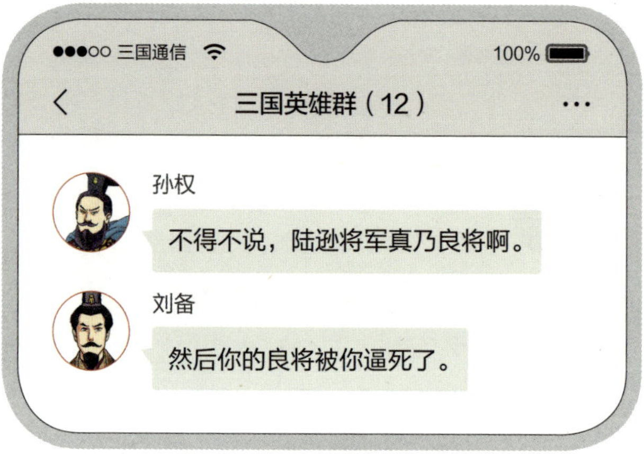

●●●○○ 三国通信
100%
三国英雄群（12）
孙权
不得不说，陆逊将军真乃良将啊。
刘备
然后你的良将被你逼死了。

敲黑板

刘备与孙权之间的辈分：赤壁之战后，孙权把妹妹嫁给了刘备。正史及野史中都没有记载其妹的名字，《三国志》称其为孙夫人；《汉晋春秋》原文中被引称其为孙仁献，但现存原书中并无此记载；小说《三国演义》中称吴国太生女名为孙仁，疑似为孙夫人名字，今人推断为误抄；一些戏曲里称其为孙尚香，这个名字最为人熟知。

陆逊：本名陆议，字伯言，出身江东大族吴郡陆氏。他娶了孙策的女儿、孙权的侄女孙氏为妻，生陆抗。陆逊早年加入孙权幕府，后历任海昌屯田都尉、帐下右部督等职，夷陵之战后受到重用，出将入相。陆逊晚年卷入“二宫之争”，被孙权多次派人责骂，后愤恚而死。

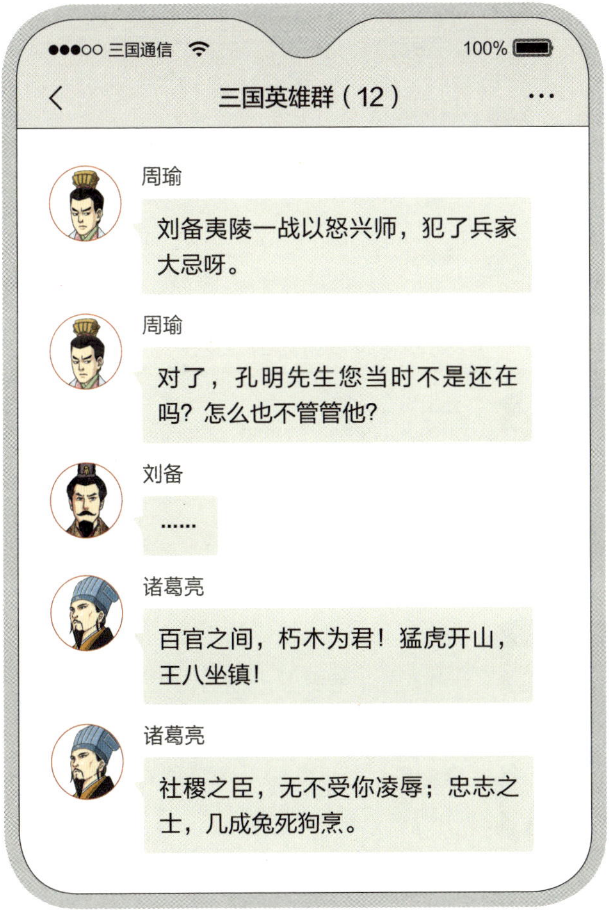

●●●○○ 三国通信
100%
三国英雄群（12）
周瑜
刘备夷陵一战以怒兴师，犯了兵家大忌呀。
周瑜
对了，孔明先生您当时不是还在吗？怎么也不管管他？
刘备
……
诸葛亮
百官之间，朽木为君！猛虎开山，王八坐镇！
诸葛亮
社稷之臣，无不受你凌辱；忠志之士，几成兔死狗烹。

●●●○○ 三国通信　　100%

三国英雄群（12）

诸葛亮

汝既贵为君长，理合匡政辅国，安民兴邦。

诸葛亮

何期鱼肉江东，祸国殃民！罪恶深重，天地不容！

诸葛亮

你有何面目去见泉下父兄！我从未见过有如此厚颜无耻之人！

孙权

接着骂！好感天动地的君臣情啊。

诸葛亮

你……

曹丕

孔明先生宽宽心，别气不死孙权反倒把自己气死了。

诸葛亮

……

伍

刘禅躺平后：

“此间乐，不思蜀！”

●●●○○ 三国通信　100%

三国英雄群（13）

曹丕

我看你们蜀国也差不多大势已去了，不如……

诸葛亮

大势已去？谋权篡位的贼人，你在说梦话！

“诸葛亮”邀请“刘禅”加入了群聊

孙权

已经到了扶立阿斗的地步了吗？真可怜！

诸葛亮

少来，这么听话的孩子不多见了。

诸葛亮

小后主要是像你对张昭那样对我，季汉恐怕就连续命的机会都没有了。

刘禅

这是哪儿呀？

●●●○○ 三国通信
100%
三国英雄群（13）
司马懿
好孩子，这里是三国英雄群。
刘禅
真的呀！那我也成为“英雄”了吗?
司马懿
没错，没错。成为英雄你快乐吗?
刘禅
快乐！！
司马懿
这么快乐，那你还想念你的蜀国吗?
刘禅
我……
诸葛亮
你这个“女装大佬”不要哄走我们的后主!

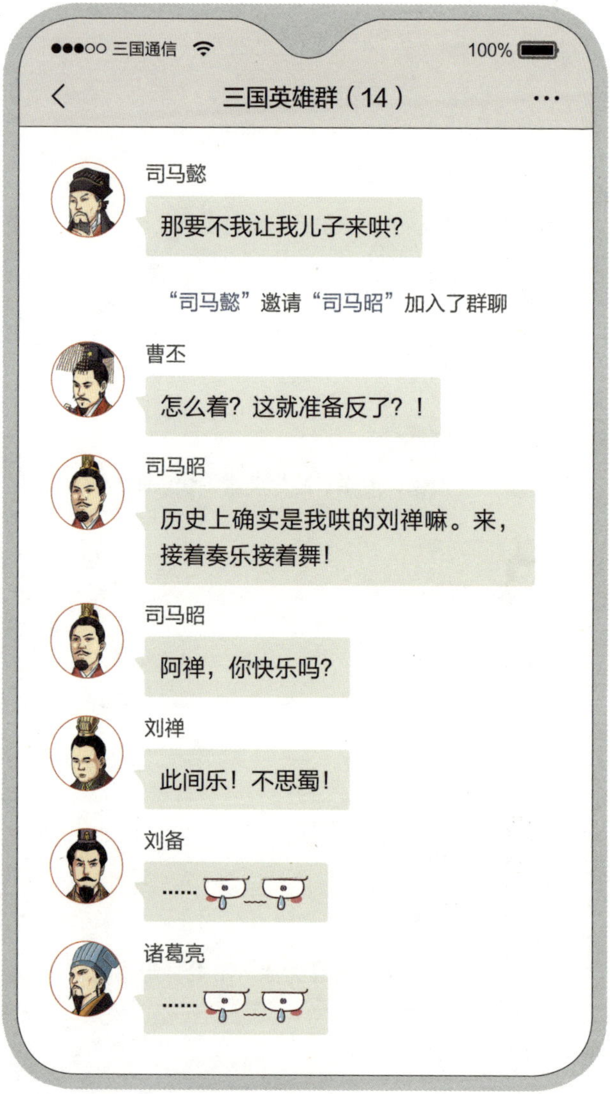
三国通信
100%
三国英雄群（14）
司马懿
那要不我让我儿子来哄?
“司马懿”邀请“司马昭”加入了群聊
曹丕
怎么着？这就准备反了？！
司马昭
历史上确实是我哄的刘禅嘛。来，接着奏乐接着舞！
司马昭
阿禅，你快乐吗?
刘禅
此间乐！不思蜀！
刘备
……
诸葛亮
……

敲黑板

司马懿穿女装：《晋书》记载司马懿和诸葛亮对峙时，"亮数挑战，帝不出，因遗帝巾帼妇人之饰"。诸葛亮为引司马懿出战，以赠妇女衣饰的方式激怒他，而司马懿并未中计。在后世戏剧中增加了司马懿穿女装来气诸葛亮的桥段。

乐不思蜀：典故源于刘禅。《汉晋春秋》记载："司马文王与禅宴，为之作故蜀技，旁人皆为之感怆，而禅喜笑自若……王问禅曰：'颇思蜀否？'禅曰：'此间乐，不思蜀。'"现比喻乐而忘返或沉迷于快乐而忘了根本。多含贬义。

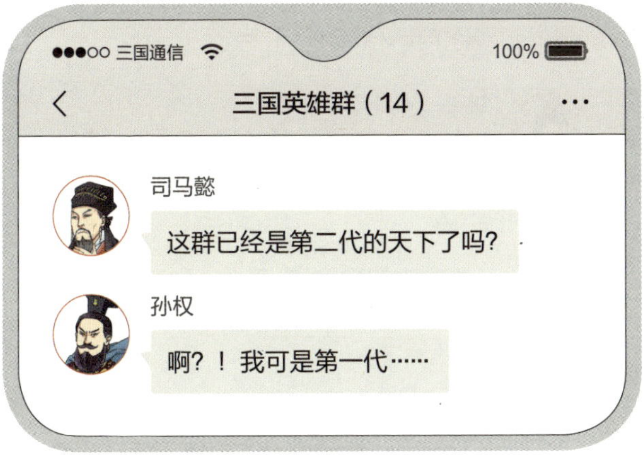
●●●○○ 三国通信
100%
三国英雄群（14）
司马懿
这群已经是第二代的天下了吗?
孙权
啊？！我可是第一代……

●●●○○ 三国通信 100%

三国英雄群（14）

曹丕

论年纪你我是同一代，我父亲还说过“生子当如孙仲谋”呢。

孙权

这不是说明身为同龄人我比你有本事吗?

刘禅

明明就是第二代还不承认，你没给自己兄长追封，也不能否认你是第二代的事实啊。

孙权

哼，我临危受命跟你们这种接手江山的人能比吗？而且我……我也追封了我父亲啊!

刘禅

你是临危受命，我就不是了吗?

司马懿

你还好意思提临危受命，你们那边临危受命的只是诸葛亮而已，你受什么命了?

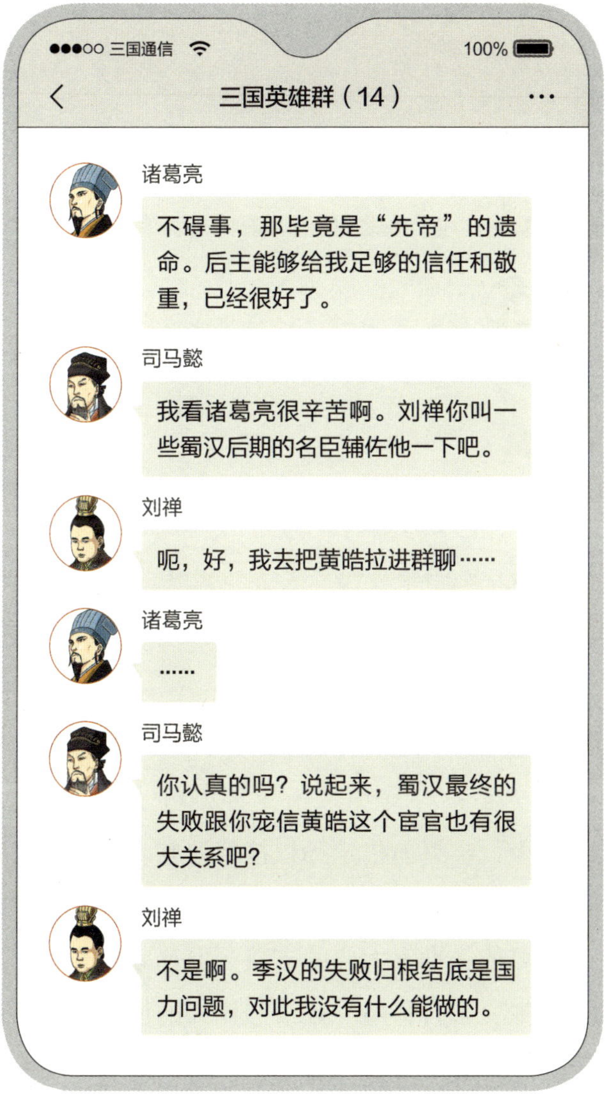
●●●○○ 三国通信
100%
三国英雄群（14）
诸葛亮
不碍事，那毕竟是"先帝"的遗命。后主能够给我足够的信任和敬重，已经很好了。
司马懿
我看诸葛亮很辛苦啊。刘禅你叫一些蜀汉后期的名臣辅佐他一下吧。
刘禅
呃，好，我去把黄皓拉进群聊……
诸葛亮
……
司马懿
你认真的吗？说起来，蜀汉最终的失败跟你宠信黄皓这个宦官也有很大关系吧？
刘禅
不是啊。季汉的失败归根结底是国力问题，对此我没有什么能做的。

●●●○○ 三国通信
100%
三国英雄群（14）
诸葛亮
啊？那是你的江山啊！
孙权
所以索性就放弃治国彻底躺平了，是吗？
周瑜
已经是我们这些“敌人”都看不下去的程度了。

敲黑板

孙权临危受命：建安五年（200），孙策遇刺，其子年少，临终前指定孙权接管江东。对外，当时正逢乱世，诸侯并起。对内，汉末门阀崛起，江东基业还要依靠世家大族的支持。但孙家并非大族，其基业主要来自孙坚、孙策两代人的征伐，与世代为官，有深厚的势力和名气积累的世家豪门相差甚远。孙策遇刺后，江东的世家大族愿不愿意继续支持年轻且尚无威信的孙权也是一个问题。另外，诸山越时常侵扰百姓，作为江东之主，这又是一个问题。

🔈　刘备白帝城托孤：夷陵之战失败后，刘备病倒在白帝城。病重时，他将继承人刘禅托付给诸葛亮、李严。《三国志·诸葛亮传》记载："章武三年春，先主于永安病笃，召亮于成都，属以后事，谓亮曰：'君才十倍曹丕，必能安国，终定大事。若嗣子可辅，辅之；如其不才，君可自取。'亮涕泣曰：'臣敢竭股肱之力，效忠贞之节，继之以死！'先主又为诏敕后主曰：'汝与丞相从事，事之如父。'"

🔈　黄皓：宦官，好阿谀奉承、玩弄权术，刘禅统治后期深受宠信。早时黄皓受董允压制，董允死后，黄皓与继任的陈祗勾结，常向刘禅进谗言、为非作歹、祸乱朝政，排挤姜维等为人正直、不与其同流合污的大臣。

●●●○○ 三国通信
100%
三国英雄群（16）
曹丕
既然刘禅自己不懂识人，那我们帮他叫两个蜀汉后期的名臣来吧。
孙权
行，那就魏延、杨仪吧，我可敬佩这两个人了。
诸葛亮
给我等等……
“孙权”邀请“魏延”加入了群聊
“孙权”邀请“杨仪”加入了群聊
杨仪
陛下，这个魏延是要造反的。
魏延
别听他胡说，是他杨仪要造反！
杨仪
你看他刀都拔出来了，还说我。

●●●○○ 三国通信
100%
三国英雄群（16）
魏延
斩的就是你这种假传圣旨的小人！
杨仪
谁假传圣旨？我主导退兵是丞相的遗命。
魏延
哼，丞相晚年昏乱，所托非人罢了！
魏延
试问整个蜀中除了丞相，最有决策才能的难道不是我吗？
诸葛亮
？？？
杨仪
把丞相的续命灯踢歪的人不配说这个。
诸葛亮
！！！！！！！

●●●○○ 三国通信
100%
三国英雄群（16）
魏延
谁踢续命灯了？丞相也不是那种神棍似的人。
魏延
该死的罗贯中，都是你瞎杜撰的！
罗贯中
您好，罗贯中时刻为您服务！
魏延
你还敢出来！！
罗贯中
这位暴脾气将军，一看就是魏文长吧?
魏延
你还嬉皮笑脸的！我问你，为什么给我加了“有反骨”这种设定?
魏延
陈寿在《三国志》里都说我没有反心，只是想杀杨仪而已！

敲黑板

魏延与杨仪之争：杨仪和魏延都曾在诸葛亮手下任职，魏延骁勇，杨仪有才，诸葛亮爱惜二人的才能，但二人一直不睦。史书记载，魏延善养士卒、勇猛过人，但性格骄矜高傲，旁人多有避让，唯杨仪与其相争。诸葛亮死后，二人矛盾加剧，互相争权，甚至上书互告对方谋反。最终，二人的斗争以魏延带兵违抗将令、杨仪命部将马岱斩杀魏延告终。

魏延的“反骨”：在小说《三国演义》中，魏延被塑造为脑后长有反骨（即反贼的象征）、恃才傲物的形象。杨仪处死魏延的结局也被写成是诸葛亮的锦囊妙计。

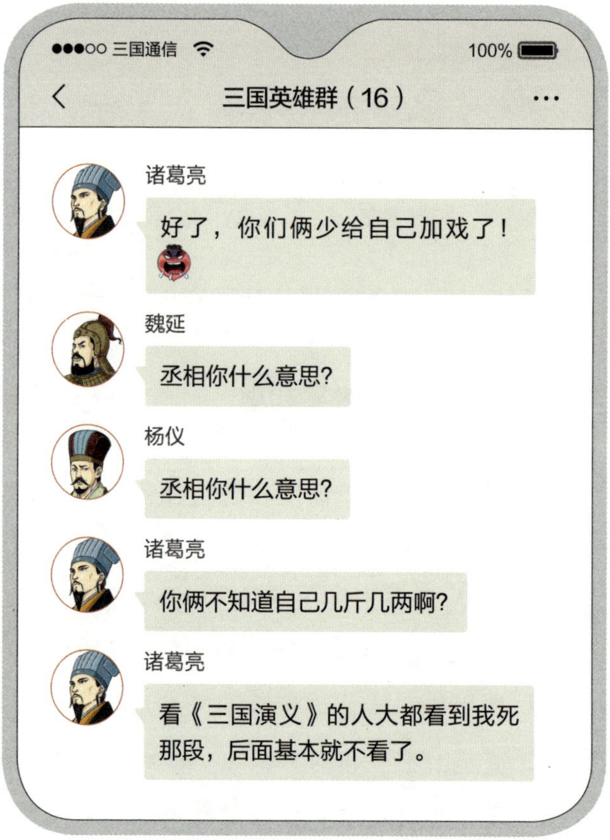

●●●○○ 三国通信
100%
三国英雄群（16）
诸葛亮
好了，你们俩少给自己加戏了！
魏延
丞相你什么意思?
杨仪
丞相你什么意思?
诸葛亮
你俩不知道自己几斤几两啊?
诸葛亮
看《三国演义》的人大都看到我死那段，后面基本就不看了。

●●●○○ 三国通信　　100%

三国英雄群（16）

诸葛亮

2009年央视播出的动画版《三国演义》也是拍到我死那里重头戏就差不多完了，后面短短两集就大结局了。

诸葛亮

普通观众谁知道你俩的故事……

魏延

……

杨仪

……

罗贯中

画重点：《三国演义》前半段看诸葛亮，后半段看司马懿！

孙权

怎么又不把我们放在眼里了？诸葛亮出山前，大家看的是寂寞吗？

●●●○○ 三国通信　100%

三国英雄群（16）

罗贯中

我们还是来说说反骨这事吧，魏延还有荆州长沙两次背主记录，虽说本质都是为了献忠于刘备，但是此时魏延身为叛臣的宿命已经就此埋下了伏笔。

罗贯中

此之谓，草蛇灰线，伏脉千里……

魏延

你说这话丧良心！

罗贯中

！！！

孙权

劈得好，再劈响些！

曹丕

劈得好，再劈响些！

周瑜

劈得好，再劈响些！

●●●○○ 三国通信　　100%

三国英雄群（16）

杨仪

魏延你个莽夫真是不可救药。

诸葛亮

够了，你们两个！吵什么吵！让人家都看季汉笑话很好玩吗?

周瑜

就是因为要看你们的笑话才把这两位叫进来的。不然我们拉你阵营的人干吗？做慈善吗?

鲁肃

这两位吵架是吵出名了的，我们主公可喜欢看魏延、杨仪的乐子了。

诸葛亮

你……你们……

孙权

厚颜无耻之人，怎样？你还会点儿别的词吗?

诸葛亮

……

●●●○○ 三国通信 100%

三国英雄群（16）

孙权

两个牧竖小人，都以为自己能接班，然而诸葛亮心目中的人选武有姜维，文有蒋琬，他们俩吵得那么厉害简直是自不量力。

魏延

！！！

杨仪

！！！

周瑜

我说孔明，你们蜀汉的人都这么心胸狭窄的吗？

魏延

说谁心胸狭窄呢？

曹丕

两位还是消停点儿吧，没看到你们的丞相要被气死了吗？

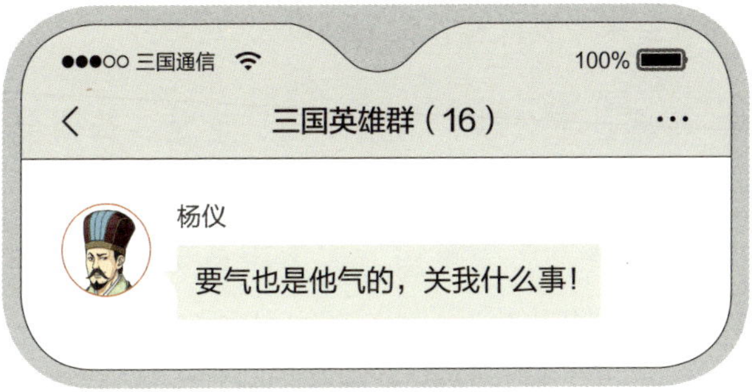

●●●○○ 三国通信
100%
三国英雄群（16）
杨仪
要气也是他气的，关我什么事！

敲黑板

孙权对魏延和杨仪的评价：裴松之为《三国志》作注时，引《襄阳耆旧记》中孙权对二人的评价：“杨仪、魏延，牧竖小人也……若一朝无诸葛亮，必为祸乱矣。”

姜维：字伯约，天水冀县（今甘肃甘谷）人。姜维原为曹魏将领，诸葛亮北伐时，因受到猜忌被迫投降，后被诸葛亮重用。诸葛亮死后，姜维在北伐的军事活动中起到了重要的作用。蒋琬、费祎等去世后，姜维更是成为蜀汉的中流砥柱。在军事方面，姜维主战并致力于北伐。然而由于国力衰微、宦官排挤等因素，北伐之路并不顺畅。姜维为蜀汉尽心尽力，甚至在蜀汉被破、刘禅投降后仍想通过诈降钟会来光复汉室，但最终以失败告终。

蒋琬：字公琰，与诸葛亮、董允、费祎合称“蜀汉四相”。他早年因不理政事触怒刘备，幸得诸葛亮求情，后受重用，成为诸葛亮选定的继承人，在诸葛亮去世后承担起治理国家的重任。在对外战争方面，蒋琬曾想大量造船，沿汉水、沔水东下以攻魏国，朝中官员大多反对水路进攻，费祎、姜维亦加以劝阻，故此计一直未能实现。

●●●○○ 三国通信
100%
三国英雄群（16）
刘禅
相父还真是非常辛苦啊。
司马昭
你怎么半天都不说话啊?
刘禅
我……不太关注政治斗争的事。

●●●○○ 三国通信
100%
三国英雄群（16）
曹丕
不懂得军事，不关注政治，可你也没什么文艺成就啊?
刘禅
是的，和你们相比，我是个庸人。
曹丕
你好歹也是一国之君，多少支棱点儿啊。
刘禅
我能做什么呢？我又没有那样的回天之力，其实相父也没有。
诸葛亮
？？
诸葛亮
他愿意学圣人知其不可而为之，我除了敬重他，也不知道该做什么好。

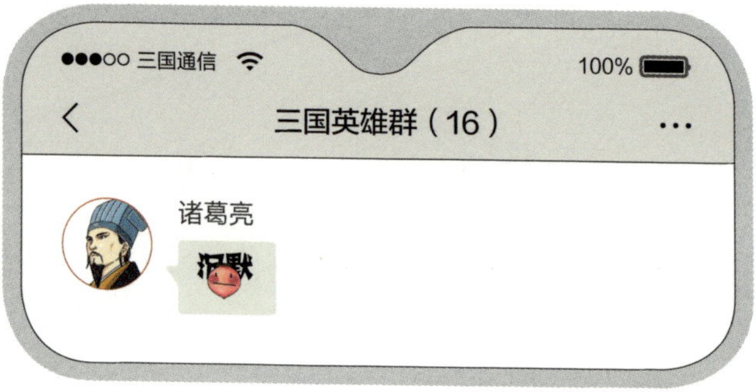
●●●○○ 三国通信
100%
三国英雄群（16）
诸葛亮
沉默

陆

最知曹操心的人：

曹魏集团的人中龙凤

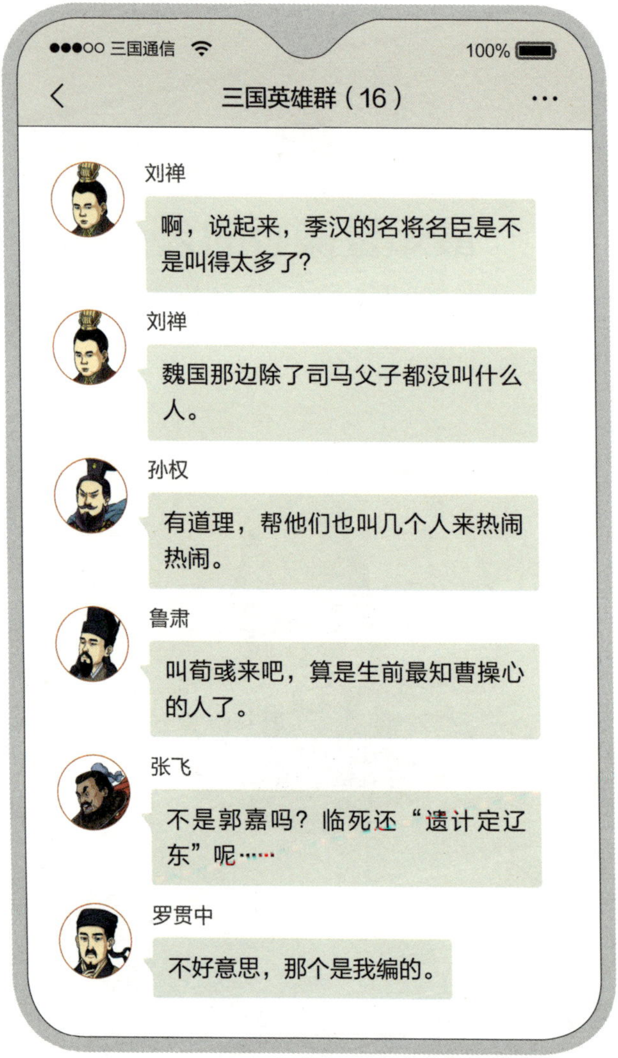
●●●○○ 三国通信
100%
三国英雄群（16）
刘禅
啊，说起来，季汉的名将名臣是不是叫得太多了？
刘禅
魏国那边除了司马父子都没叫什么人。
孙权
有道理，帮他们也叫几个人来热闹热闹。
鲁肃
叫荀彧来吧，算是生前最知曹操心的人了。
张飞
不是郭嘉吗？临死还“遗计定辽东”呢……
罗贯中
不好意思，那个是我编的。

●●●○○ 三国通信
100%
三国英雄群（17）
张飞
那曹操还哭喊什么“哀哉奉孝”“痛哉奉孝”的呢？
司马懿
那个想来也是罗贯中编的。
罗贯中
这个真不是。这个出处是傅玄的《傅子》，虽说也不是正史……
张飞
你们这些写书的是不是都喜欢把小谋士写得神乎其技又深受宠信？
鲁肃
有吗？为什么在我身上没有体现……
周瑜
说起来“哪位臣子更知曹操”这种事情，为什么不把曹操本人拉回群里问一问呢？
“魏延”邀请“曹操”加入了群聊

●●●○○ 三国通信　　100%

三国英雄群（17）

杨仪

好啊，魏延你果然通魏！

魏延

跟这个有什么关系？你又找揍了是不是？

曹操

吵死了。这是在干什么？

鲁肃

大家在商议给你们曹魏拉点人进来。目前说到荀彧了。

周瑜

邀请荀彧进群的话，他看到曹丕称帝会遭受“开幕雷击”，然后绝食的吧？

马超

绝不绝食可由不得他。曹贼可是会亲自递空食盒的。

敲黑板

荀彧：字文若，出身颍川大族荀氏。荀彧清秀通雅，早年被赞有王佐之才，因任尚书令被尊称为“荀令君”。他曾为曹操出谋划策、镇守后方，推荐了郭嘉、荀攸、陈群等大量人才。其一生居中持重、忠于汉室，后期在对汉室的态度上与曹操产生分歧，最终因反对曹操称魏公被调离朝廷，留守寿春。关于荀彧的结局，比较主流的说法有两种：《三国志》记载他是留守寿春时忧虑过重而死，《后汉书》则称他是收到了曹操送的空食盒后服毒自尽。

郭嘉：字奉孝，颍川阳翟人。郭嘉早年曾投袁绍，受礼遇，但他认为袁绍不足以成大事，便辞官而去。后经荀彧推荐，郭嘉转投曹操，此后随曹操征战，为其出谋划策，前后共十一年。征乌桓后郭嘉病逝，年仅三十八岁。曹操与郭嘉关系很好，曹操曾言：“唯奉孝为能知孤意。”郭嘉死后，曹操在与荀彧、荀攸等人提起他时，言语中多有哀痛。

曹操哭郭嘉：《三国志》记载，赤壁战败后，曹操叹曰：“郭奉孝在，不使孤至此。”《傅子》中又有曹操言：“哀哉奉孝！痛哉奉孝！惜哉奉孝！”后世文学作品中，赤壁之战后“曹操哭郭嘉”的情节大概来源于此。

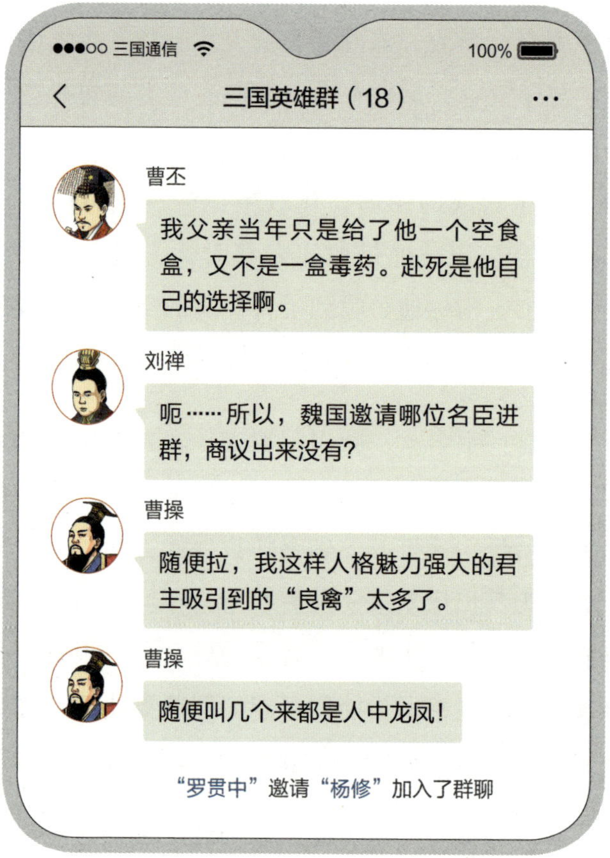

●●●○○ 三国通信
100%
三国英雄群（18）
曹丕
我父亲当年只是给了他一个空食盒，又不是一盒毒药。赴死是他自己的选择啊。
刘禅
呃……所以，魏国邀请哪位名臣进群，商议出来没有？
曹操
随便拉，我这样人格魅力强大的君主吸引到的“良禽”太多了。
曹操
随便叫几个来都是人中龙凤！
“罗贯中”邀请“杨修”加入了群聊

●●●○○ 三国通信
100%
三国英雄群（19）
曹操
喂？！
罗贯中
不用谢，这位可以说是大魏最知您心的人了。
杨修
丞相！
曹操
你来得不巧。我现在不需要退兵，也没有一盒酥。
杨修
那您需要把宫殿改得窄小一点儿吗?
曹操
你又犯什么毛病呢?
杨修
我看您心情不悦，想来是因为身材矮小而宫殿修得过于宽大。

●●●○○ 三国通信
100%
三国英雄群（18）
杨修
如果是的话，我这就去跟修宫殿的人知会一声，让他们修小点儿。
司马懿
不行，修大点儿，我家得去收！
曹操
你们俩都给我出去！

敲黑板

杨修：字德祖，出身东汉士族弘农杨氏。杨修自幼好学，十分有才，与曹植交好，并参与曹植与曹丕的夺嫡之争。杨修的母亲出身袁氏，杨修是袁术的外甥，加之杨修的父亲杨彪在政治上与曹操有一些分歧，曹操很忌惮杨修，担心他成为“后患”，于是借一些罪名杀了他。

鸡肋与退兵：“鸡肋”事件由《后汉书》记载，

大致说的是曹操平定汉中之后，想要讨伐刘备但又觉得进退两难。属下请示口令，曹操只说“鸡肋”。其他人不明用意，而杨修说：“鸡肋，食之无味，弃之可惜，曹公退兵的想法已经很决绝了。”在后世文艺作品中，杨修的死则被写成扰乱军心触怒了曹操。

🔈　门内添活字：典故出自《世说新语》。杨修在曹操帐下担任主簿，那时相国府修建大门，正修到榱桷，曹操看过后让人在门上写了一个“活”字，杨修见了，便让人拆了重建。门建好后，杨修说：“门中有一个‘活’字，是‘阔’。魏王这是嫌门修大了。”

🔈　一合酥：《三国演义》中的“一合酥”化用了《世说新语》中的典故。有人送给曹操一杯酪，曹操吃了少许，在盖子上题写了一个“合”字，众人不理解曹操的意思。传给杨修时，他便吃了一口，说：“合字是‘人一口’，魏王让我们一人吃一口，有什么可疑惑的？”

●●●○○ 三国通信
100%
三国英雄群（18）
曹操
晦气！说点儿别的吧！我的相国府新修成了一座门，你们说加点儿什么装饰好?
刘备
相国府的门，最重要的是稳重。在门上画点儿辟邪的东西吧。
曹操
什么东西可以辟邪?
刘备
关公最辟邪。
曹操
……
刘备
您可以在门上画幅画，比如这样……

●●●○○ 三国通信
100%
三国英雄群（18）
刘备
水淹七军
曹操
……
刘备
你跟我生什么气啊？当年你儿子就把这玩意儿画在你陵墓的墙壁上让于禁看。
曹操
？！？！
曹操
曹丕！
曹丕
爸爸？
曹操
你个孽子，竟然用这种方式气死我的爱将！

●●●○○ 三国通信 100%

三国英雄群（18）

曹丕

爸爸你听我解释，首先呢，水淹七军在正史上并非关羽之功。

曹丕

是河水暴涨的缘故。那关羽带领蜀军避开了洪水，又抓住了攻打我军的时机。

曹操

那你还画水淹七军图给他看?

曹丕

我正要说这一点，我没有画水淹七军图，我只是画了于禁受降图而已。

周瑜

听起来更恶劣了。于禁将军又做错了什么呢?

曹丕

他当然做错了。都是当武将的，他不知道看看天象地势吗?

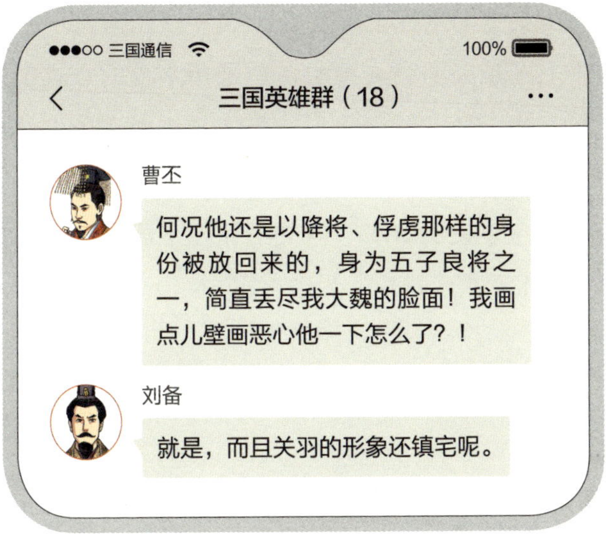

●●●○○ 三国通信
100%
三国英雄群（18）
曹丕
何况他还是以降将、俘虏那样的身份被放回来的，身为五子良将之一，简直丢尽我大魏的脸面！我画点儿壁画恶心他一下怎么了？！
刘备
就是，而且关羽的形象还镇宅呢。

敲黑板

五子良将：指张辽、乐进、于禁、张郃、徐晃。陈寿撰写《三国志》时将五人合传，并评曰：“太祖建兹武功，而时之良将，五子为先。”后人将五人合称为“五子良将”。其中张辽以合肥之战威震东吴，乐进以骁果显名，于禁最为毅重，然而没有坚守到最后，张郃以巧变为称，徐晃被曹操赞“有周亚夫之风”，五子良将也常被拿来与蜀汉的五虎上将、东吴的江表虎臣相比较。

历史上的水淹七军：在小说《三国演义》中，水淹七军是关羽令人蓄水，后采用水攻的方式击溃曹军，擒于禁、斩庞德，威震华夏。而在历史记载中，是连日降雨导致汉水溢流，进而导致于禁七军被淹，并非关羽蓄水。但关羽抓住了汉水溢流的机会，派水军乘船进攻，大破曹军。

柒

三国的企业文化：

让我们在三国学现代企业管理

●●●○○ 三国通信　100%

三国英雄群（18）

孙权

前面提到镇宅，刘备，我看你房间空空荡荡的，要不我也送你点儿镇宅的装饰?

诸葛亮

主公不可信他！保准没安好心。

刘备

我大汉自有浩然正气，我才不会理他！

刘禅

得个镇宅的东西也不是什么坏事，孙权你要送的是什么呀?

诸葛亮

？？？臣等正欲死战，陛下何故先降……

孙权

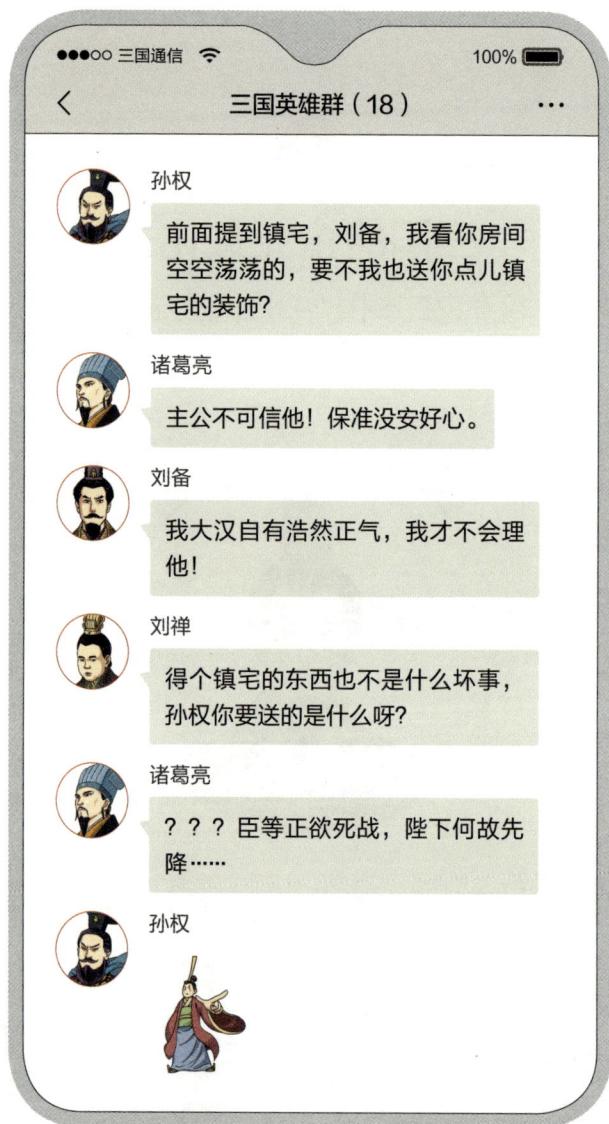

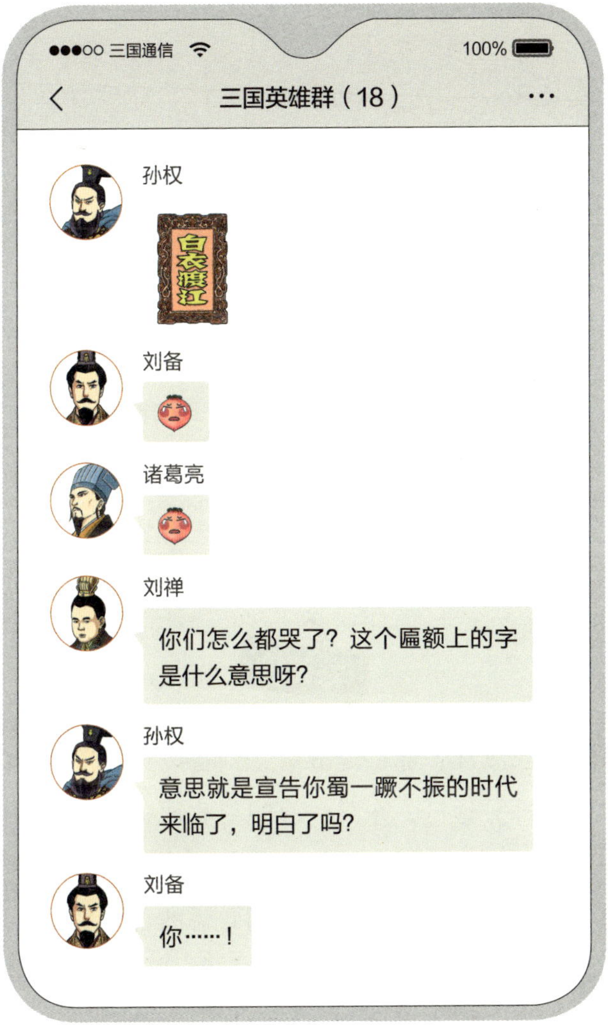
●●●○○ 三国通信
100%
三国英雄群（18）
孙权
白衣渡江
刘备
诸葛亮
刘禅
你们怎么都哭了？这个匾额上的字是什么意思呀?
孙权
意思就是宣告你蜀一蹶不振的时代来临了，明白了吗?
刘备
你……！

●●●○○ 三国通信
100%
三国英雄群（18）
孙权
我什么我？你蜀不就是从那时开始，像多米诺骨牌一样一触即溃的吗?
孙权
关羽一死全军都不冷静了。刘备死后你们还妄想着光复汉室，最后什么建树都没有。

敲黑板

白衣渡江：赤壁之战后，刘备以“借”为名占领荆州部分地区，东吴一直想要收回，但荆州由关羽镇守，加之孙刘双方又有抗曹盟约，因此东吴一直未能如愿。后来，支持孙刘联盟的鲁肃去世，吕蒙接任后表面上仍与关羽交好，但私下里留意着关羽的行动，等待夺取荆州的时机。在襄樊之战中，吕蒙佯装病重，陆逊接管其位，向关羽示好。关羽果然相信了东吴，将主力放在了攻打樊城上，于是荆州空虚。吕蒙便带人穿着白衣，划着小船，昼夜兼程，顺利渡江。到达南郡后，守将傅士仁、糜芳先后投降，吕蒙占领南郡，并与陆逊擒获关羽。

失荆州、走麦城：襄樊之战后期，曹操派徐晃救曹仁，关羽未能攻克樊城，只能撤军。但吕蒙白衣渡江计成，东吴此时又占据江陵，俘虏了关羽手下很多士卒的家人并厚待他们。关羽撤军途中派使者与吕蒙联系，吕蒙厚待使者，允许他们去城中挨家问候，关羽的部下又多有托使者打探家人消息的，得知家人受东吴厚待后，关羽的军队逐渐溃散，只好退守麦城。后关羽带十余人突围，逃至距益州一二十里的临沮时遇到了埋伏在那里的东吴兵，于是被擒，与其子关平皆被害。关羽被害后，孙刘联盟彻底破裂。章武元年（221），刘备借为关羽报仇、取回荆州之名亲自率兵伐吴，触发了夷陵之战，蜀军大败。

●●●○○ 三国通信　　100%

三国英雄群（18）

诸葛亮

你怎么能这么说！不过也对，单单是主公死后还有人想着振兴汉室这一点，就是我季汉不死的国魂！

诸葛亮

足见你们这些除了狼子野心外一无所有之人在气度上的差别！

孙权

怎么能说我除了狼子野心外一无所有呢！

曹丕

那你还有啥?

孙权

我还有命啊。

曹操

……

刘备

……

●●●○○ 三国通信
100%
三国英雄群（18）
诸葛亮
……
孙权
我这人也没有别的特长，就是命特长。
曹操
可惜你父兄都是短命英雄，你却续了命似的活那么久。
曹操
那叫什么来着？猛虎不长寿，王八活千年？
孙权
曹操
孙权
说实话，当年我还担心我活不过曹丕来着。

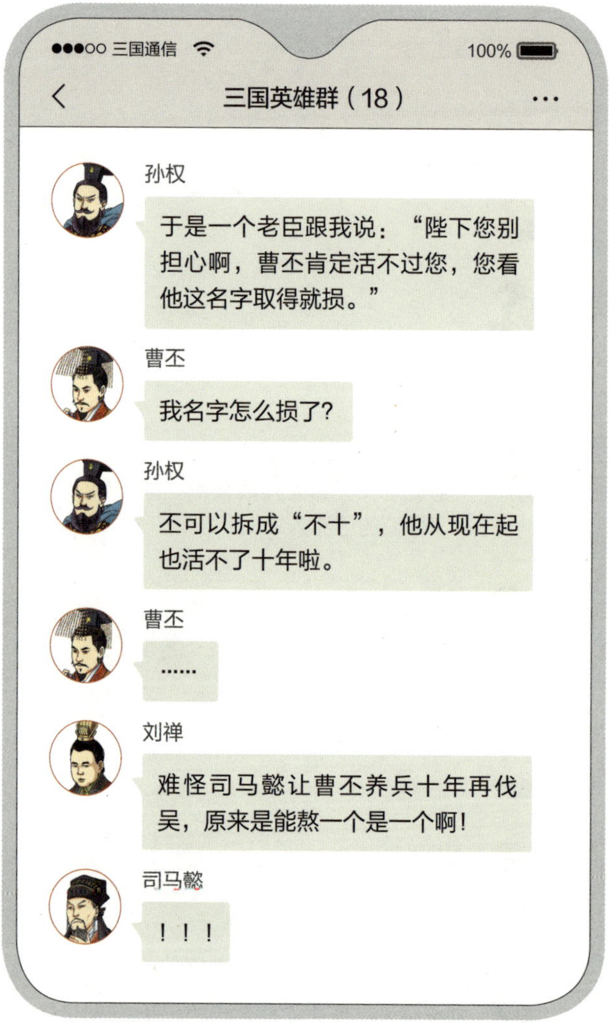
●●●○○ 三国通信
100%
三国英雄群（18）
孙权
于是一个老臣跟我说：“陛下您别担心啊，曹丕肯定活不过您，您看他这名字取得就损。”
曹丕
我名字怎么损了?
孙权
丕可以拆成“不十”，他从现在起也活不了十年啦。
曹丕
……
刘禅
难怪司马懿让曹丕养兵十年再伐吴，原来是能熬一个是一个啊！
司马懿
！！！

●●●○○ 三国通信
100%
三国英雄群（18）
刘备
好家伙，司马懿熬走了曹氏家族三代人，厉害了！
司马懿
快成功了，能熬一天是一天！
曹操
……
曹丕
……
曹丕
仔细想来，东吴在孙权之后，也没出过什么明君。
曹丕
吴国后期动荡不堪，还出了孙皓这么个暴君。
刘备
和我季汉的企业文化，真是有天壤之别！

●●●○○ 三国通信　100%

三国英雄群（18）

诸葛亮

东吴的企业文化也就那样，为了哄领导开心什么话都说。

诸葛亮

偏偏领导还爱无理取闹，像什么群臣宴饮的时候……

诸葛亮

牵来一头驴嘲笑脸长的臣子啦。

诸葛亮

还有被劝说减少打猎还叛逆心起，专门打造一辆射虎的车啦……

孙权

又不是只有我们这样！曹丕还在自家臣子的葬礼上学驴叫呢！

曹丕

最荒唐的不是他们晋朝吗？

司马昭

我们怎么荒唐了？

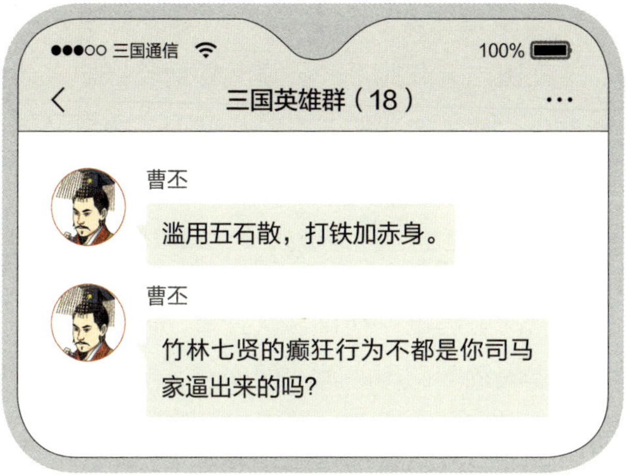

●●●○○ 三国通信
100%
三国英雄群（18）
曹丕
滥用五石散，打铁加赤身。
曹丕
竹林七贤的癫狂行为不都是你司马家逼出来的吗?

敲黑板

“不十为丕”：阚泽以“不十为丕”，预言曹丕剩余寿命不足十年。

语出《吴录》：“初，魏文帝即位，权尝从容问群臣曰：‘曹丕以盛年即位，恐孤不能及之，诸卿以为何如？’群臣未对，泽曰：‘不及十年，丕其没矣，大王勿忧也。’权曰：‘何以知之？’泽曰：‘以字言之，不十为丕，此其数也。’文帝果七年而崩。”

🔈 诸葛子瑜之驴：诸葛子瑜，即诸葛瑾，字子瑜。《三国志》载此事："恪父瑾面长似驴，孙权大会群臣，使人牵一驴入，长检其面，题曰'诸葛子瑜'。恪跪曰：'乞请笔益两字。'因听与笔。恪续其下曰'之驴'。举坐欢笑，乃以驴赐恪。"

🔈 孙权的射虎车：孙权喜欢打猎，但张昭等大臣认为打猎太危险，担心孙权的安全，屡屡劝阻，孙权于是令人制作了射虎车。

《三国志》记载此事："……乃作射虎车，为方目，间不置盖，一人为御，自于中射之。时有逸群之兽，辄复犯车，而权每手击以为乐。昭虽谏争，常笑而不答。"

🔈 "喜欢听驴叫的人"指王粲，字仲宣，是"建安七子"之一，深得曹操、曹丕父子信赖。王粲去世后，曹丕亲自带人为其送葬。曹丕对前来悼亡的人说："仲宣喜欢听驴叫，我们学驴叫为他送行吧。"于是众人在葬礼上学驴叫为他送行。

🔈 竹林七贤：指嵇康、阮籍、阮咸、山涛、向秀、刘伶、王戎七人。据记载，这七人常在山阳附近的竹林中饮酒作乐，世称“竹林七贤”。他们都是当时的名士，为当世玄学的代表人物。他们中大多数人对于司马家控制的朝廷不满，拒绝与朝廷合作，也因此受到朝廷的压迫。

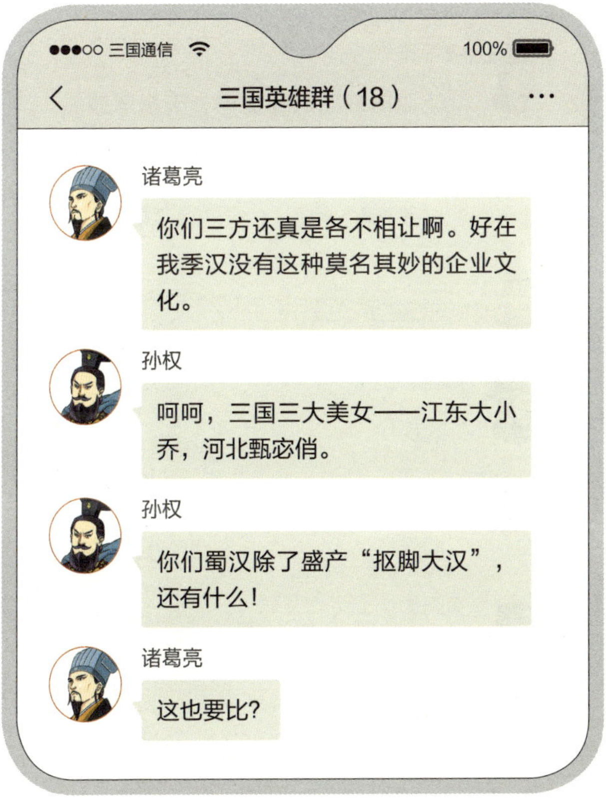

●●●○○ 三国通信
100%
三国英雄群（18）
诸葛亮
你们三方还真是各不相让啊。好在我季汉没有这种莫名其妙的企业文化。
孙权
呵呵，三国三大美女——江东大小乔，河北甄宓俏。
孙权
你们蜀汉除了盛产“抠脚大汉”，还有什么！
诸葛亮
这也要比?

●●●○○ 三国通信 100%

三国英雄群（19）

司马懿

那么你们蜀汉的企业文化是怎样的呢?

诸葛亮

让你见识见识我徒弟，天水麒麟儿!

“诸葛亮”邀请“姜维”加入了群聊

姜维

北——伐——!

魏延

北伐!

杨仪

北伐!

司马懿

? ? ! !

诸葛亮

看见没？这就是我们季汉人的素质!

●●●○○ 三国通信
100%
三国英雄群（19）
司马懿
我的天哪，打工人的狼性文化！
司马懿
可是结果还不是五次北伐四次失利？太可怜了吧！
司马昭
还好还好，落凤坡下凤雏落，卧龙秋风五丈原，孔明一死，我爸爸天下无敌。
刘备
我二弟天下无敌！
司马昭
呵呵！
诸葛亮
那只是因为外号起得不好，卧龙凤雏，幼麟家虎。
诸葛亮
你要是等姜维这个幼麟长大，不得打哭你！

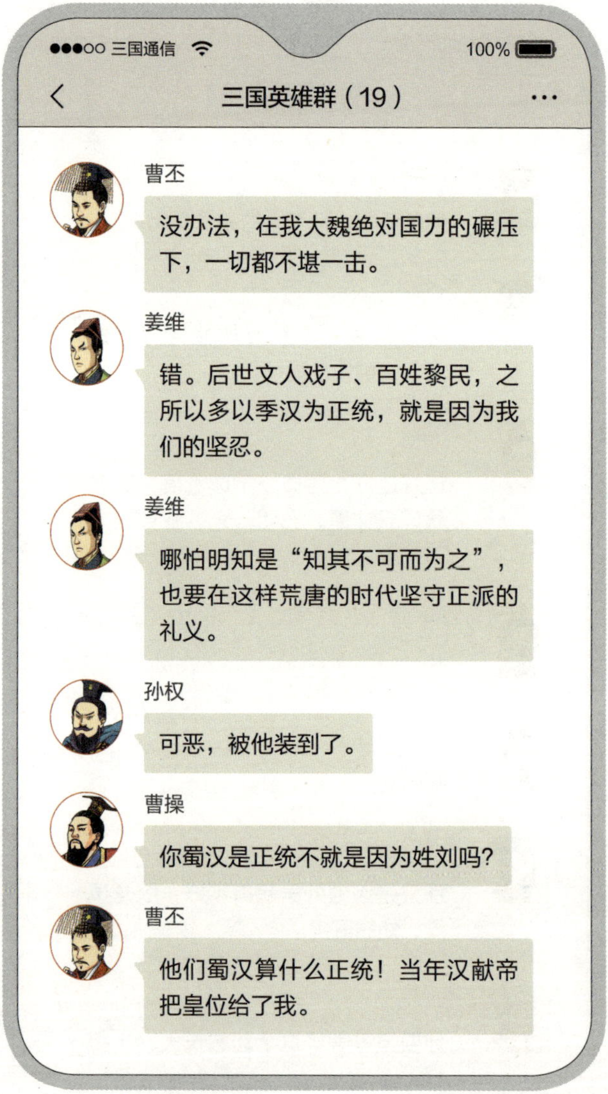
●●●○○ 三国通信
100%
三国英雄群（19）
曹丕
没办法，在我大魏绝对国力的碾压下，一切都不堪一击。
姜维
错。后世文人戏子、百姓黎民，之所以多以季汉为正统，就是因为我们的坚忍。
姜维
哪怕明知是“知其不可而为之”，也要在这样荒唐的时代坚守正派的礼义。
孙权
可恶，被他装到了。
曹操
你蜀汉是正统不就是因为姓刘吗?
曹丕
他们蜀汉算什么正统！当年汉献帝把皇位给了我。

●●●○○ 三国通信
100%
三国英雄群（19）
曹丕
按照法统来说，我们才是正统，所以人家叫汉魏六朝、魏晋南北朝。
曹丕
不叫蜀晋南北朝！
刘备
呵呵，那是因为后来的人根本就没把我们从汉朝分出去单算。
曹丕
死鸭子嘴硬。
孙权
你们礼貌吗？听起来像三国时代跟我吴国没什么关系似的！
诸葛亮
本来就跟你们没什么关系，汉献帝把皇位禅让给了曹丕。

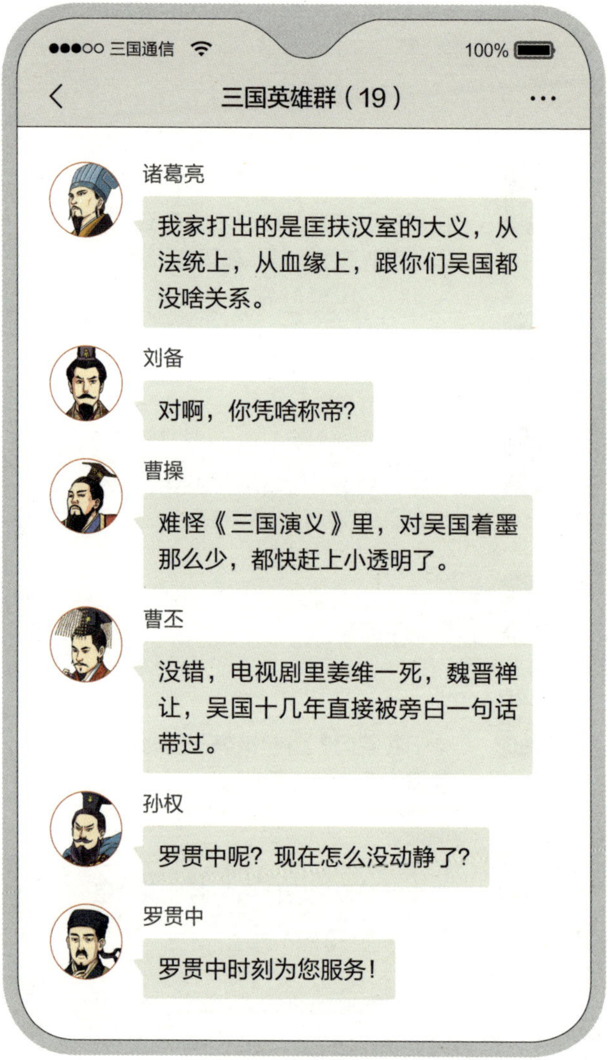
●●●○○ 三国通信
100%
三国英雄群（19）
诸葛亮
我家打出的是匡扶汉室的大义，从法统上，从血缘上，跟你们吴国都没啥关系。
刘备
对啊，你凭啥称帝？
曹操
难怪《三国演义》里，对吴国着墨那么少，都快赶上小透明了。
曹丕
没错，电视剧里姜维一死，魏晋禅让，吴国十几年直接被旁白一句话带过。
孙权
罗贯中呢？现在怎么没动静了？
罗贯中
罗贯中时刻为您服务！

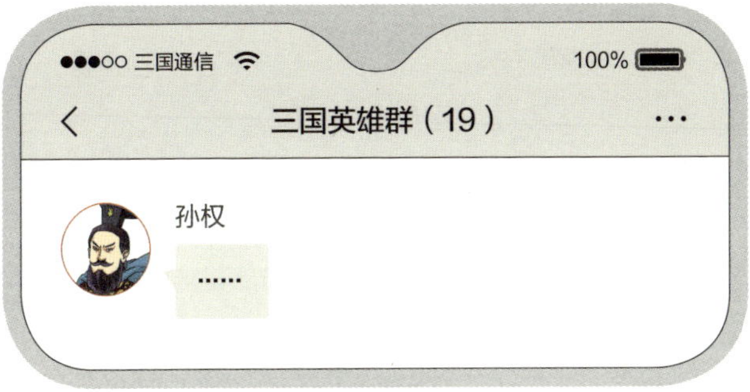

敲黑板

五次北伐：指诸葛亮为复兴汉室对北方曹魏发动的五次进攻。《出师表》是诸葛亮北伐时给后主刘禅上奏的表。第五次北伐时诸葛亮病亡于五丈原。

汉献帝让位：延康元年（220），曹操逝世，其子曹丕继承了曹家的基业，此时的汉室已被曹家架空，名存实亡。于是在曹丕及众大臣的逼迫下，汉献帝刘协于十月十三日将玺绶诏册交给曹丕，宣布退位。曹丕例行“三让”后，于十月二十九日即位，改国号为魏，改元黄初，从此大汉灭亡，曹魏建立。

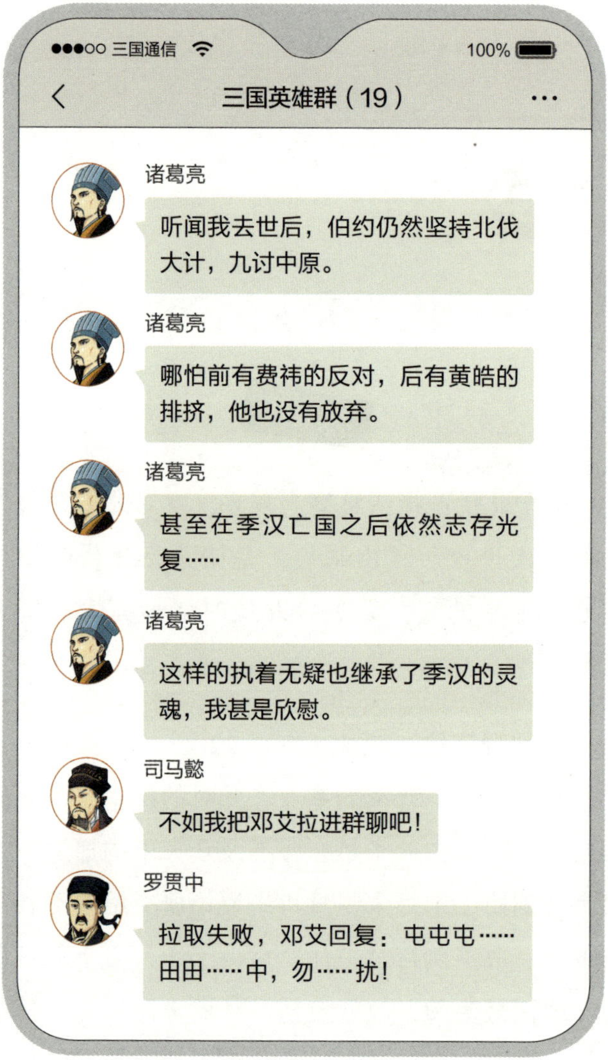
●●●○○ 三国通信
100%
三国英雄群（19）
诸葛亮
听闻我去世后，伯约仍然坚持北伐大计，九讨中原。
诸葛亮
哪怕前有费祎的反对，后有黄皓的排挤，他也没有放弃。
诸葛亮
甚至在季汉亡国之后依然志存光复……
诸葛亮
这样的执着无疑也继承了季汉的灵魂，我甚是欣慰。
司马懿
不如我把邓艾拉进群聊吧！
罗贯中
拉取失败，邓艾回复：屯屯屯……田田……中，勿……扰！

●●●○○ 三国通信
100%
三国英雄群（19）
曹操
司马老贼！突然拉人煞什么风景！
司马懿
敌军在这儿煽的情你还听得下去啊？
曹操
当然。我觉得他们这种情怀……很有诗意。我听着觉得很开心。
曹丕
可是爸爸！他们是敌军啊！
刘备
能与不同阵营的英雄相惜，孟德果真是当世英雄。
曹操
一想到他们明明有着这样强大的执念……

●●●○○ 三国通信 100%

三国英雄群（19）

曹操

却始终打不过我大魏，我就更开心了，哈哈哈哈哈哈哈哈。

司马昭

哦，是吗?

曹操

……

刘备

虽然你们司马家最后赢得了天下，但晋朝在历朝历代中风评垫底。

刘备

在中国古代大一统王朝里存在感几乎为零。

司马懿

……

司马昭

……

敲黑板

邓艾：字士载，本名邓范。邓艾本出身于南阳大族，但自幼丧父，家境贫寒，因被司马懿赏识，先做屯田的工作，后又逐渐升迁，在魏蜀边境多次抗击姜维。魏伐蜀时，邓艾提议偷渡阴平并亲自率军前往，最终成功灭蜀。灭蜀后，被钟会等人陷害身亡。

曹魏的屯田制：屯田制是让士兵和无地可种的农民开垦荒地的制度，始于西汉，至曹魏时完备。曹操采纳枣祗提议，采用“分田之术”，由官府提供土地，所收粮食按官六民四分成；如有不用官牛者，则粮食对半分。屯田制在为曹魏军队提供军粮方面起到了重要的作用。《魏书》记载：“公曰：‘夫定国之术，在于强兵足食，秦人以急农兼天下，孝武以屯田定西域，此先代之良式也。’是岁乃募民屯田许下，得谷百万斛。于是州郡例置田官，所在积谷。征伐四方，无运粮之劳，遂兼灭群贼，克平天下。”

捌

什么是魏晋风流：

“串烧古人诗嘛，这个我也会！”

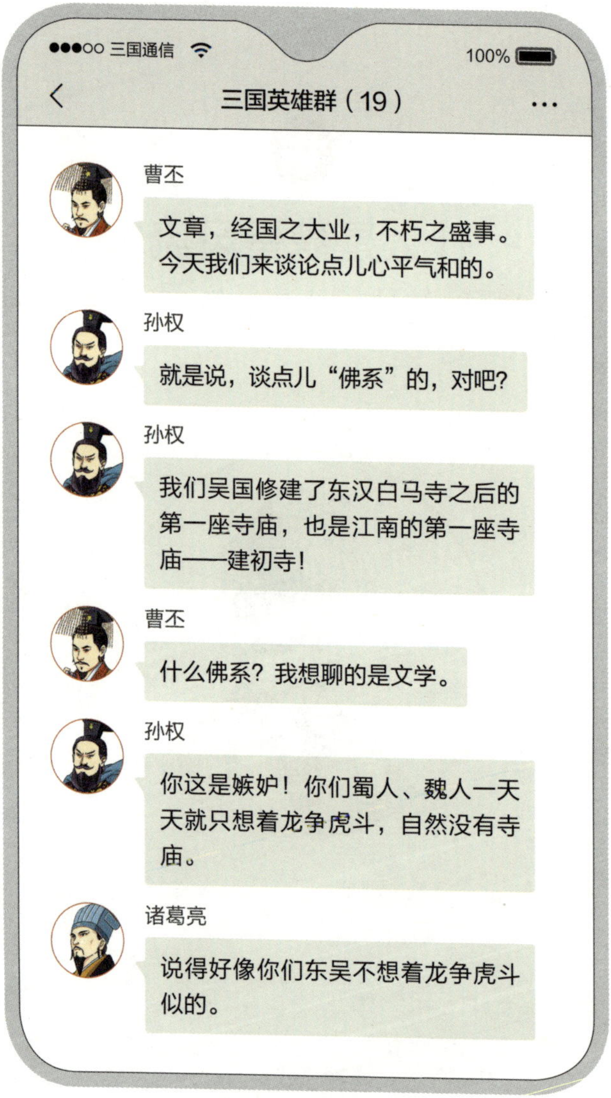
●●●○○ 三国通信
100%
三国英雄群（19）
曹丕
文章，经国之大业，不朽之盛事。今天我们来谈论点儿心平气和的。
孙权
就是说，谈点儿“佛系”的，对吧？
孙权
我们吴国修建了东汉白马寺之后的第一座寺庙，也是江南的第一座寺庙——建初寺！
曹丕
什么佛系？我想聊的是文学。
孙权
你这是嫉妒！你们蜀人、魏人一天天就只想着龙争虎斗，自然没有寺庙。
诸葛亮
说得好像你们东吴不想着龙争虎斗似的。

●●●○○ 三国通信
100%
三国英雄群（20）
刘备
要说庙的话，我季汉有庙啊。
孙权
什么庙?
刘备
关帝庙。
孙权
……
"刘备"邀请"关羽"加入了群聊
关羽
关帝在此！
刘备
？？？
孙权
？？？

●●●○○ 三国通信
100%
三国英雄群（20）
曹操
？？？
曹操
这不是身在曹营心在汉的关将军吗?
孙权
也是你一生爱而不得的关将军。
曹操
我最后得到了！
关羽
你得到我的人，也得不到我的心。
曹操
我说的是你的头！
关羽
……

●●●○○ 三国通信
100%
三国英雄群（20）
张飞
碧眼紫须儿（孙权外号），还我二哥头来！
罗贯中
孙权将马忠的微信推送给了张飞！
张飞
这种三流武将就因为杀了我二哥而出名，真是可恶！
孙权
后世建了那么多关帝庙，关羽这一生也值了！
曹操
说到关帝庙，那得算我一半功劳！
关羽
关帝庙是因为我对我大哥的忠义才被后人兴建的！关你什么事！

●●●○○ 三国通信　100%

三国英雄群（20）

曹操

没有我这个角色的介入，你的忠义还能为人津津乐道吗？是我成就了你！

关羽

这么想介入的话，我可以帮你在我的关帝庙前修个跪像。

曹操

去你的！

杨修

记得尺寸修小一点儿。

曹操

刘备

曹老板要生气了，赶紧谈点儿文学的内容夸夸他。

敲黑板

建初寺：南京大报恩寺的前身，建于三国东吴赤乌年间，建寺同时修建了阿育王塔。是继东汉洛阳白马寺之后的中国第二座寺庙，也是江南的第一座寺庙，原寺后来在战火中被毁坏，但又不断有新的寺庙在其遗址上建立。在其遗址修建的大报恩寺与灵谷寺、天界寺并称为“金陵三大寺”。

白马寺：始建于东汉永平十一年（68），汉明帝下令修建，为纪念白马驮经，取名“白马寺”。白马寺是中国第一座寺庙，是全世界唯一拥有中国、印度、缅甸、泰国四国风格佛殿的寺院，是汉传佛教的“祖庭”“释源”。汉末袁绍等人包围洛阳时，曾烧光洛阳二百里内的房屋，白马寺也被毁。曹丕称帝后重建洛阳，其中包括白马寺。在之后的朝代更迭中，白马寺又几经破坏，多次重建。

关帝庙：又称关羽庙，供奉着蜀汉的将军关羽。关羽死后，其形象在演绎中被神化，逐渐成为“忠义”的代表。民间尊称他为“关公”“美髯公”，后又尊其为“武圣”，与“文圣”孔子齐名。

马忠：吴国将领，任潘璋部下司马，精于射术。被史书记载为斩杀或擒获关羽的人。

●●●○○ 三国通信
100%
三国英雄群（20）
诸葛亮
曹公这个人啊，虽然在道德品质上争议颇多，但文学成就确实是举世公认的。
周瑜
对对对，他那句“青青子衿，悠悠我心”写得真好。
诸葛亮
虽然那句是《诗经 · 郑风》里的。
曹操
……
周瑜
哦，那没事了。

●●●○○ 三国通信
100%
三国英雄群（20）
诸葛亮
他那句“呦呦鹿鸣，食野之苹”也写得很好呀。
周瑜
这个我知道，《诗经 · 小雅》里的。
诸葛亮
那……也没事了。
曹操
……
孙权
“串烧”古诗嘛，这个我也会。
孙权
前月浮梁买茶去，去时雪满天山路，路上行人欲断魂，魂飞渡江洒江郊……

●●●○○ 三国通信
100%
三国英雄群（20）
刘备
“魂飞渡江洒江郊”是什么鬼啊……
曹操
我是适当引用罢了，才不是低等的“串烧”古诗。
曹操
而且我把思妇诗和宴饮诗改得意境如此辽阔，这叫作“飞跃性的点化”！
曹丕
话说唐诗对我们而言算“后人诗”吧?
罗贯中
没关系，对《三国演义》来说，唐朝算前朝了。
孙权
三国正史，我认《三国志》，《三国演义》算哪条杂鱼?

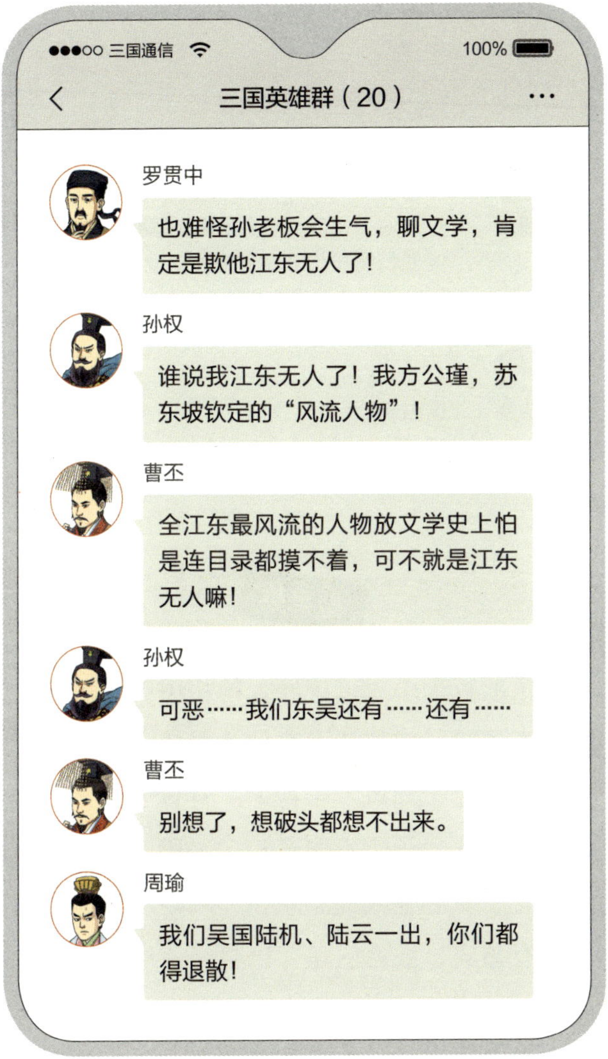
●●●○○ 三国通信
100%
三国英雄群（20）
罗贯中
也难怪孙老板会生气，聊文学，肯定是欺他江东无人了！
孙权
谁说我江东无人了！我方公瑾，苏东坡钦定的“风流人物”！
曹丕
全江东最风流的人物放文学史上怕是连目录都摸不着，可不就是江东无人嘛！
孙权
可恶……我们东吴还有……还有……
曹丕
别想了，想破头都想不出来。
周瑜
我们吴国陆机、陆云一出，你们都得退散！

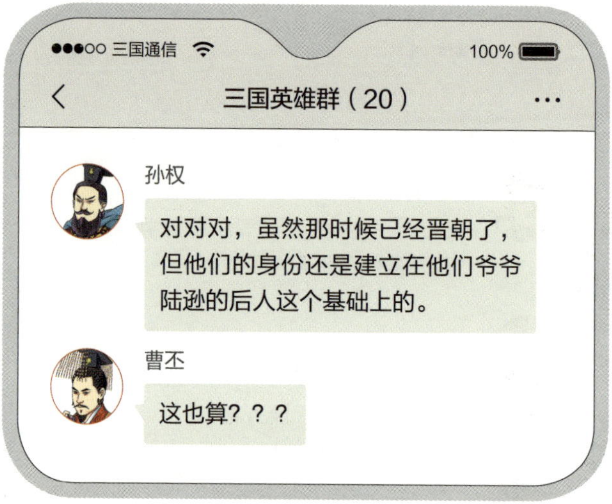

●●●○○ 三国通信
100%
三国英雄群（20）
孙权
对对对，虽然那时候已经晋朝了，但他们的身份还是建立在他们爷爷陆逊的后人这个基础上的。
曹丕
这也算？？？

敲黑板

《短歌行》中对《诗经》的化用：《短歌行》中“青青子衿，悠悠我心。但为君故，沉吟至今”化用自《诗经·郑风·子衿》“青青子衿，悠悠我心。纵我不往，子宁不嗣音？”一段。《诗经》表达的是女子对心上人的思念。“呦呦鹿鸣，食野之苹。我有嘉宾，鼓瑟吹笙”出自《诗经·小雅·鹿鸣》。原文写的是宴会上主人鼓瑟吹笙为嘉宾演出，曹操在《短歌行》中借此表达对贤士的渴望及招揽贤士的诚心。

🔈　曹操的代表作：曹操是建安文学的代表人物之一，与其子曹丕、曹植合称“三曹”。军事方面的著作有《孙子略解》《兵书接要》《孟德新书》等。诗歌方面现存的全部为乐府诗，代表作有《薤露行》《短歌行》《观沧海》等。

🔈　陆机、陆云都是孙吴丞相陆逊的孙子、大司马陆抗的儿子，都是西晋著名文学家。陆机“少有奇才，文章冠世”，被誉为“太康之英”。他的诗重藻绘排偶，骈文亦佳，与潘岳（即潘安）一同被视为西晋诗坛的代表，形成“太康诗风”，世有“潘江陆海”之称。陆机也擅长书法，他的《平复帖》是现存最早的中国古代名人书法真迹。

🔈　唐宋诗歌中对东吴人物的讴歌：

年少万兜鍪，坐断东南战未休。

——［宋］辛弃疾《南乡子·登京口北固亭有怀》

为报倾城随太守，亲射虎，看孙郎。

——［宋］苏轼《江城子·密州出猎》

千古江山，英雄无觅，孙仲谋处。

——［宋］辛弃疾《永遇乐·京口北固亭怀古》

遥想公瑾当年，小乔初嫁了，雄姿英发。羽扇纶巾，谈笑间，樯橹灰飞烟灭。

——［宋］苏轼《念奴娇·赤壁怀古》

周郎二十四年少，盖世功名随一燎。亲提三万走曹瞒，不以敌勍恨兵少。

——［宋］岳珂《赤壁》

周瑜陆逊久寂寞，千年北客嘲吴语。

——［宋］张耒《次韵答天启》

周瑜方奏凯，陆逊遂成名。一觉华胥梦，千年战国情。

——［宋］项安世《燎蚊》

●●●○○ 三国通信
100%
三国英雄群（20）
司马昭
谈文学的话，在这儿是曹魏和晋朝的两方切磋吧，其他几方可以退避了。
曹操
还好意思提你们晋朝?
司马懿
比较著名的阮籍、嵇康都可以算作我们晋朝的文人。
曹丕
晋代为什么清谈成风、玄学盛行，为什么文学创作多以生死为主题，你们自己心里没点儿数吗?
曹操
还有大魏尚有背得下二三百部书的蔡琰、打得过西戎兵马的王异，到了你们晋朝只剩下拿水果打潘安的少女、看卫玠害人家病死的少女……

●●●○○ 三国通信
100%
三国英雄群（20）
曹操
哦，对了，不要提咏絮才的谢道韫，她都是东晋的人了，跟你们也扯不上关系。
司马懿
曹公的关注点果然不同。
曹操
……！
曹丕
魏初的建安文学尚且有一些渴望建功立业、追求美好理想的诗篇。
曹丕
到魏末晋初的正始时期，就只剩下表达忧愤和归隐之意的东西了。
曹丕
这不就是你们司马家高压统治、屠戮异己的结果嘛！

●●●○○ 三国通信
100%
三国英雄群（20）
司马昭
说得好像建安文学名家里没有被你们曹家迫害的人一样！
曹操
不要乱讲，我们根本没迫害过几个人吧？
关羽
比如孔融就因为触怒你而被杀了。还有……
曹操
还有？
关羽
曹植触怒曹丕……？
曹丕
才没有！
关羽
哦，曹植没有触怒过曹丕。

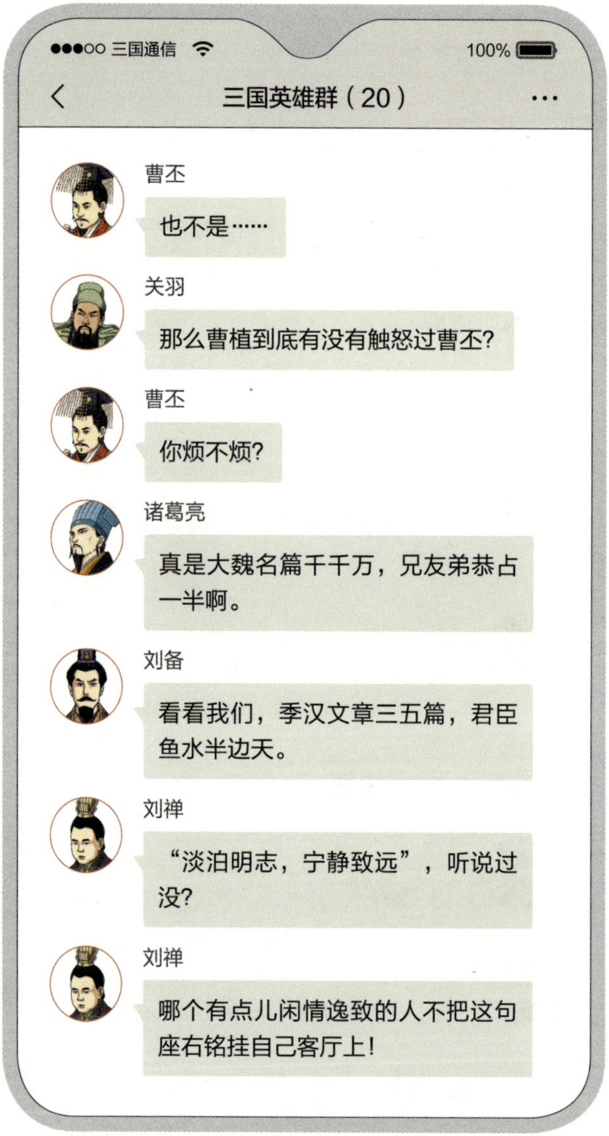
●●●○○ 三国通信
100%
三国英雄群（20）
曹丕
也不是……
关羽
那么曹植到底有没有触怒过曹丕?
曹丕
你烦不烦?
诸葛亮
真是大魏名篇千千万，兄友弟恭占一半啊。
刘备
看看我们，季汉文章三五篇，君臣鱼水半边天。
刘禅
“淡泊明志，宁静致远”，听说过没?
刘禅
哪个有点儿闲情逸致的人不把这句座右铭挂自己客厅上!

敲黑板

魏晋名士：魏晋交替时期，司马氏把持朝政，政治昏暗，社会动荡。一些名士或对朝廷不满而拒绝合作，或被朝廷打压排挤而不能得志，只好寄情于山水，终日饮酒作乐。他们之中不乏擅长清谈的风雅之士，且很多人出身世家望族，因此引来众人效仿，产生了很多风流名士。

🔈 蔡琰：蔡邕之女，字文姬，一说字昭姬，为避司马昭名讳改称文姬。蔡琰先是嫁给了卫仲道，后卫仲道去世，蔡琰回到娘家。汉末大乱，南匈奴趁机叛乱，蔡琰被匈奴左贤王掳走，并为他生下两个孩子。曹操统一北方后念及蔡邕，花费重金将其女蔡琰赎回。蔡琰又嫁给了董祀。

蔡琰博学多才，《隋书》中录有《蔡文姬集》，今已失传，只存有《悲愤诗》和《胡笳十八拍》。

🔈 王异：赵昂之妻，与夫同守益州。因其足智多谋和忠贞节义而载于史册。皇甫谧《列女传》记载："赵昂妻异者，故益州刺史天水赵伟璋妻，王氏女也。"

🔈 谢道韫：字令姜，王凝之的妻子。因有咏絮的典故（"未若柳絮因风起"），人称"咏絮之才"。

🔈 潘岳：字安仁，世称潘安。当时有女子对心仪男子投掷水果的风俗，而潘安貌美，因此留下"掷果盈车"的典故。潘安博学多才，为"二十四友"之首，有《悼亡诗》《秋兴赋》《闲居赋》《哀永逝文》等传世。后来他卷入八王之乱，被诬谋反而死。

🔈 卫玠：字叔宝，西晋名士，擅长清谈，精通玄学。永嘉四年北方战乱，卫玠举家南迁。路途遥远，饥寒交迫，于是积劳成疾，两年后早逝。《晋书》中写到京师人听闻卫玠姿容美丽，纷纷前去欣赏，导致体弱多病的卫玠病情加重，不久就去世了。

🔈 孔融：字文举，孔子的二十世孙，有“孔融让梨”的典故。孔融自幼博学多才，为“建安七子”之一。孔融好议时政，言辞激烈，因其本人为名士，知名度高，最终触怒曹操被杀。

🔈 曹丕与曹植：曹丕、曹植为一母同胞，两兄弟本无很深的矛盾。曹昂死后，曹丕成了曹操的嫡长子，理应成为曹操的继承人，但曹操更喜欢曹植，于是在继承人问题上摇摆不定，后演变为曹丕、曹植的夺嫡之争，二人之间的矛盾主要源于这场夺嫡之争。夺嫡最终以曹丕的胜利告终。“七步成诗”作为二人相争的典故，其出处为《世说新语》，而《世说新语》是笔记体小说，故“七步成诗”故事的真实性尚有争议。

●●●○○ 三国通信　100%

三国英雄群（20）

孙权

我记得张飞将军还会写书法刻碑文。

孙权

虽说不足以在文艺史上留下大名，可总归不是个黑脸莽夫……

孙权

罗贯中，你出来挨打！

罗贯中

他的黑面莽夫形象是后世戏曲中逐渐形成的，不关我事！

罗贯中

他在历史上也确实是一员猛将，我也没有写得很出格。

罗贯中

只不过他的书法成就不足为道，所以我没有提。

●●●○○ 三国通信
100%
三国英雄群（20）
张飞
……
刘禅
忘了说我相父的《出师表》了！《出师表》字字珠玑，句式简朴工整。
罗贯中
可谓是洗尽铅华。语言恳切，谏言深挚，如同季汉后期的烛火……
司马昭
说得好。所以他说的话你听了吗？
刘禅
……

敲黑板

张飞的书法：有史料记载张飞擅长书法。明代卓尔昌《画髓元诠》记载：“飞，喜画美人，善草书。”杨慎的《丹铅总录》也写道：“涪陵有张飞《刁斗铭》，其文字甚工，飞所书也。”但《三国志》中并未记载张飞擅长书画，《采古来能书人名》《书品》《书断》等与书画相关的书中亦不见张飞，现今也罕见张飞真迹，故张飞善书画之事尚有争议。

🔈 《出师表》：诸葛亮在北伐前给刘禅所上的表文。文章主要规劝刘禅广开言路、亲贤臣远小人、不要忘了光复大汉的志向，推荐了一些人才，以及表达了自己对先帝恩德的感念、对主上的忠心和光复大汉的决心。

🔈 《诫子书》：诸葛亮写给其子诸葛瞻的家书，书中主要阐述一些关于修身养性、淡泊明志的道理，为后世学子修身的典范之作。

●●●○○ 三国通信
100%
三国英雄群（20）
诸葛亮
等一等，说到文学，我们季汉还有一个杀手锏。
曹丕
什么杀手锏？比我的《典论》还好使吗？
诸葛亮
写《三国志》的陈寿，是我们的人。
刘备
任你们如何争奇斗艳，反正握着史笔的人在我们阵营。
曹操
笑死，无论陈寿心里站谁，但在他的《三国志》里只能站曹魏和晋朝。
司马懿
是啊，《三国志》的确是承认曹魏是正统，继承曹魏的晋朝也是正统。

●●●○○ 三国通信 100%

三国英雄群（20）

司马懿

反而蜀国和吴国都是附带的。

刘备

孙权

司马昭

陈寿是西晋史学家，该归我们，大晋阵营加三分。

刘备

是吗？他对你们西晋可一点儿感情都没有。

司马昭

就像现在人提到罗贯中，第一反应不也是“明朝文学家”？差不多的。

●●●○○ 三国通信
100%
三国英雄群（20）
曹操
罗贯中不是吗?
罗贯中
其实我是东吴阵营的人。
孙权
去，我们东吴不要你这号人!
罗贯中
我跟随过的主公是吴王张士诚，国号大周。
司马懿
你看，根本没人认为罗贯中是“大周文学家”。
司马懿
所以也不必认为陈寿是“蜀汉史学家”。这个陈寿归我们西晋了!
张飞
啊？！你去问问陈寿是蜀汉人还是西晋人，你看他怎么回答!

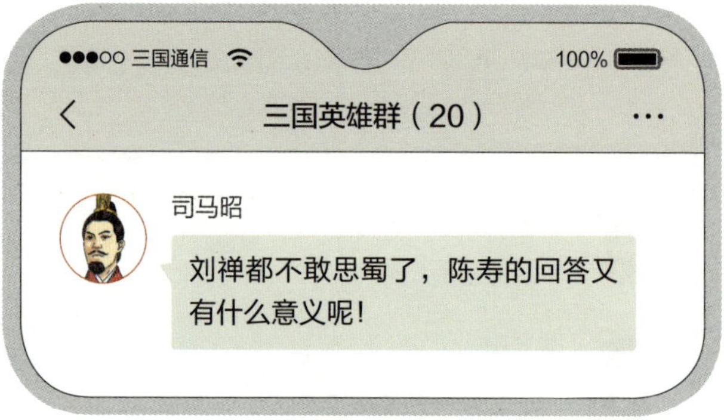

●●●○○ 三国通信
100%
三国英雄群（20）
司马昭
刘禅都不敢思蜀了，陈寿的回答又有什么意义呢！

敲黑板

陈寿与《三国志》：陈寿，字承祚。早年入仕蜀汉，遭黄皓排挤。蜀汉灭亡后入西晋朝堂，历任著作郎，晚年多次被贬但仍坚持整理史书，最终写成《三国志》。

陈寿作《三国志》时，魏有官修《魏书》、私撰《魏略》，吴有官修《吴书》，这些都是陈寿作《三国志》的基本材料。但蜀汉无史官一职，陈寿自行采集，得十五卷《蜀书》。

“东吴阵营”的罗贯中：作为元末明初的作家，罗贯中曾经在反元政权张士诚麾下担任幕客，张士诚势力范围在苏浙一带，自称张吴王。

玖

华佗也会“凡尔赛”：

神医的梦想竟然是当官？

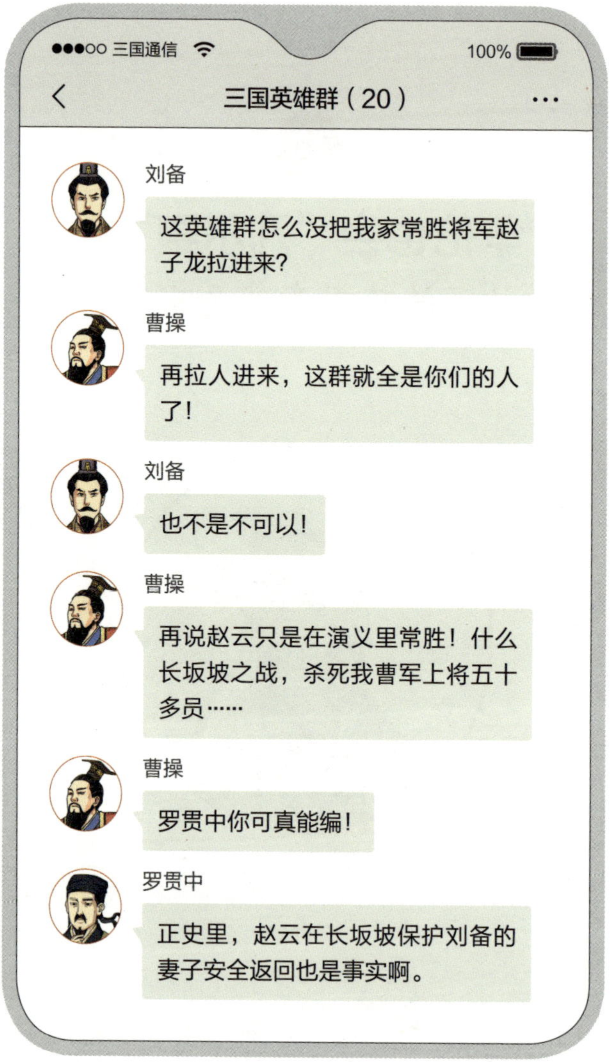
●●●○○ 三国通信
100%
三国英雄群（20）
刘备
这英雄群怎么没把我家常胜将军赵子龙拉进来?
曹操
再拉人进来，这群就全是你们的人了!
刘备
也不是不可以!
曹操
再说赵云只是在演义里常胜！什么长坂坡之战，杀死我曹军上将五十多员……
曹操
罗贯中你可真能编!
罗贯中
正史里，赵云在长坂坡保护刘备的妻子安全返回也是事实啊。

●●●○○ 三国通信
100%
三国英雄群（21）
刘禅
想当年我和赵子龙将军一起七进七出……
刘备
去！要是没你，他也用不着七进七出！
孙权
这个罗贯中给蜀方造人设时是真能下狠手！
罗贯中
罗贯中时刻为您服务！
司马懿
民间有言，“一吕二赵三典韦，四关五马六张飞”。
司马懿
说赵云厉害，那是他没遇到吕布！
“司马懿”邀请“吕布”加入了群聊

●●●○○ 三国通信
100%
三国英雄群（21）
吕布
感谢认可，请受吕布一拜！如若不弃，愿认……
司马懿
认义父就算了！
吕布
……
司马懿
先喝杯手磨咖啡！
吕布
还请司马公替我报仇，白门楼上，曹操他……
司马懿
知道了，正始之变安排上！
曹操
哎呀……

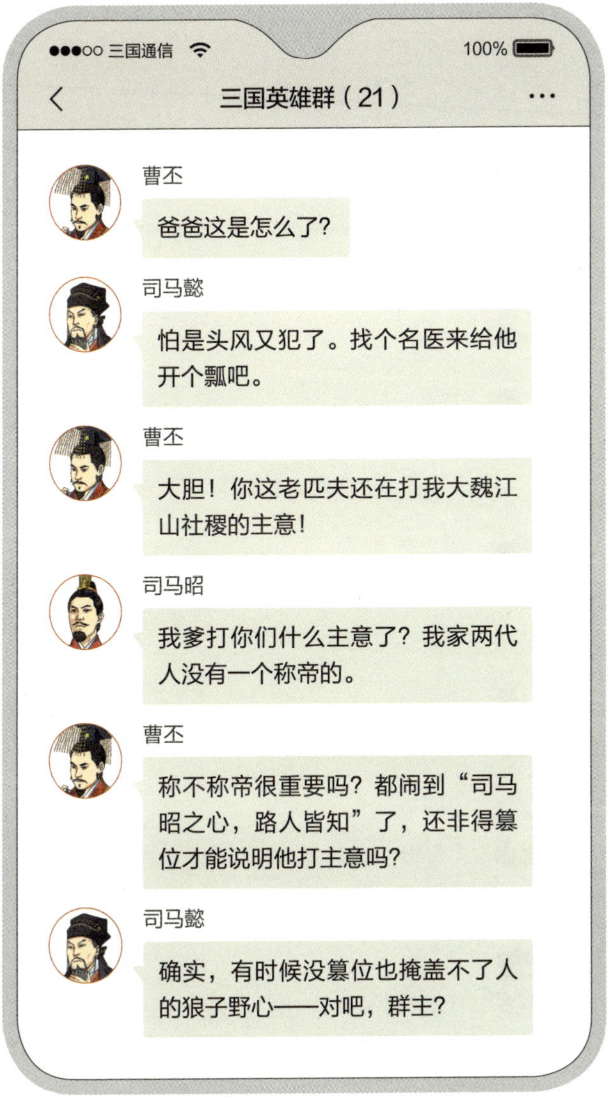
●●●○○ 三国通信
100%
三国英雄群（21）
曹丕
爸爸这是怎么了？
司马懿
怕是头风又犯了。找个名医来给他开个瓢吧。
曹丕
大胆！你这老匹夫还在打我大魏江山社稷的主意！
司马昭
我爹打你们什么主意了？我家两代人没有一个称帝的。
曹丕
称不称帝很重要吗？都闹到“司马昭之心，路人皆知”了，还非得篡位才能说明他打主意吗？
司马懿
确实，有时候没篡位也掩盖不了人的狼子野心——对吧，群主？

●●●○○ 三国通信
100%
三国英雄群（21）
罗贯中
司马懿@汉献帝！
汉献帝
曹操
咳，不谈这个了……能请来医生的话就请一下吧。
罗贯中
系统检测司马懿想邀请董奉加入群聊。
曹操
等会儿，董奉是谁?
诸葛亮
东汉一位名医，医术和名望与华佗相当。
罗贯中
董奉治病不求钱财，只要求被治好的人在他隐居的山中栽下杏树。

●●●○○ 三国通信
100%
三国英雄群（21）
罗贯中
很久之后，山中长成了一片杏林。当今人们以“杏林”赞美医生，就出自董奉这一典故。
司马懿
给您请这么好的医生，看我多忠心啊，竟然还遭您质疑。

敲黑板

曹操的病：曹操患有头风，据《三国志》记载：“太祖闻而召佗，佗常在左右。太祖苦头风，每发，心乱目眩，佗针鬲，随手而差。”“佗死后，太祖头风未除。”

董奉与杏林：董奉，又名董平，字君异。治病不收钱财，只要求重病被治愈者栽杏五株，轻病被治愈者栽杏一株。数年之后，患者种下的树木长成一片杏林。董奉在杏林下建了一个仓库，用来存放成熟的杏，人们可以自行用谷子交换杏果，董奉又将换得的谷子用于救济贫民。故后世以“杏林春暖”“誉满杏林”称赞医术高超、医德高尚的医生，并以“杏林”作为对中医的美称。

🔈 吕布：东汉末年著名武将，以勇闻名，在《三国演义》中更是被刻画为第一猛将。吕布最初效力于并州刺史、骑都尉丁原。后为效力权倾一时的董卓而杀掉丁原，被董卓授予骑都尉。后经司徒王允唆使而杀掉董卓，被王允进封为温侯。《三国演义》将吕布塑造成先拜丁原为义父而杀丁原，后拜董卓为义父，却因王允和其义女貂蝉的美人计而杀董卓的“三姓家奴”形象，传为“吕布认义父——认一个死一个”的笑谈。

杀董卓后不久，吕布又因被董卓旧部击败而逃出长安，投袁氏未成。后又在众军阀间反复奔波。建安三年（198），曹操亲自征讨吕布，吕布部下叛变，最终城破被俘并被处死。

🔈 赵云：字子龙，蜀汉阵营重要武将，官至镇东将军，谥号顺平侯。先后参与多次战役，其中“长坂坡之战”在《三国演义》中被艺术化，“汉水之战”中他被刘备评价为“一身都是胆”。他曾独立指挥过入川之战、汉水之战、箕谷之战等多个战役。

“民间有言”的排行，最初出自民间评书“一吕二马三典韦，四关五赵六张飞”，是民间认同度较高的三国名将武艺排行。后因赵云形象更加受到欢迎，赵云和马超的位置被调换。

●●●○○ 三国通信
100%
三国英雄群（21）
曹操
既然说是“与华佗相当”……怎么不直接叫华佗进群呢？
罗贯中
他怕您把华佗杀了大家都找不到人给治病了。
曹操
哼，我岂是滥杀无辜之人！
刘备
可历史上确实是你因为恨华佗不肯为你所用而杀了他……

●●●○○ 三国通信
100%
三国英雄群（21）
吕布
你想，华佗给你治病得上麻醉，上个全麻你就睡过去了。
吕布
你又好梦中杀人，不就是容易不小心把人家杀了嘛！
曹操
一派胡言，我先杀了你！
罗贯中
本群不提供武器……
曹操
我知道，我自备了！
罗贯中
检测到您要实施暴力行为，禁言一分钟。
曹操

●●●○○ 三国通信
100%
三国英雄群（22）
孙权
现在趁着曹操不能动，把华神医拉进来吧。让我等都开开眼界。
孙权
说不定还能治好我家周郎的病，让英雄免于早逝。
刘禅
排队排队，要治也先治我相父的积劳成疾才行。
“张飞”邀请“华佗”加入了群聊
孙权
怎么是他邀请来的?
华佗
这倒霉孩子去我家后院放了把火……
司马懿
辛苦了，老先生。您看着给咱的曹丞相治治病吧?

●●●○○ 三国通信
100%
三国英雄群（22）
曹操
华佗
好……这顽疾有多少时日了?
曹丕
有个几年，先前你给他也看过，但总是复发。
华佗
看来不是可以一下子根治的病。我先用针灸替他调理一下。
诸葛亮
针灸？不是开瓢吗?
华佗
那个危险系数有点儿高!
周瑜
不给开瓢真可惜。

●●●○○ 三国通信
100%
三国英雄群（22）
曹丕
你们两个就盼着他死是吧？
刘备
在座的各位里盼着你爸死的何止他们两个啊！
曹丕
你……
华佗
不要闹。虽然正史上确实有我发明麻沸散和进行外科手术的记录。
华佗
但这个时代还不能支持安全的开颅手术，所以我不会轻易给人开瓢的。
华佗
倒是针灸这方面我还算拿手，话说，我的《枕中灸刺经》对后世影响不小吧？

●●●○○ 三国通信
100%
三国英雄群（22）
罗贯中
啊，那个失传了。
华佗
怎么会这样！
罗贯中
我替曹家跟您说声对不起。
曹丕
等下，又不是我们弄失传的！

敲黑板

华佗的外科医术：华佗，字元化，被尊为“外科鼻祖”。《后汉书》称其“兼通数经，晓养性之术”“精于方药”。他发明的麻沸散是世界上最早的麻醉剂，他采用酒服“麻沸散”的麻醉方法施行腹部手术，开创了全麻手术的先例。

●●●○○ 三国通信
100%
三国英雄群（22）
华佗
算了，历史长河大浪淘沙，难免有些文字遗失其间。
华佗
就像曹家的那位——
曹丕
我家的哪位，他怎么了？
华佗
曹家的那位曹雪芹，遗失的半部《红楼梦》。
曹丕
这哪儿跟哪儿啊！
华佗
所幸我的一位同行写的《伤寒杂病论》并未失传。
华佗
《伤寒杂病论》可以说是传统内科医学的百科全书。

●●●○○ 三国通信　100%

三国英雄群（22）

华佗

对针灸之类的治疗方法也都有涉猎。他所提的“辨证施治”也被视为中医的灵魂。

刘备

说的可是张仲景前辈？

华佗

正是。他和董奉都是爱惜黎民百姓的名医，要好好记住啊。

刘备

您不是吗？

华佗

我不是，我只是个想要当官博取功名顺便有点儿医学才能的人。

华佗

我也没想成为名医的。

罗贯中

正史用了许多笔墨写他医术高明，却没有一笔提他医者仁心。

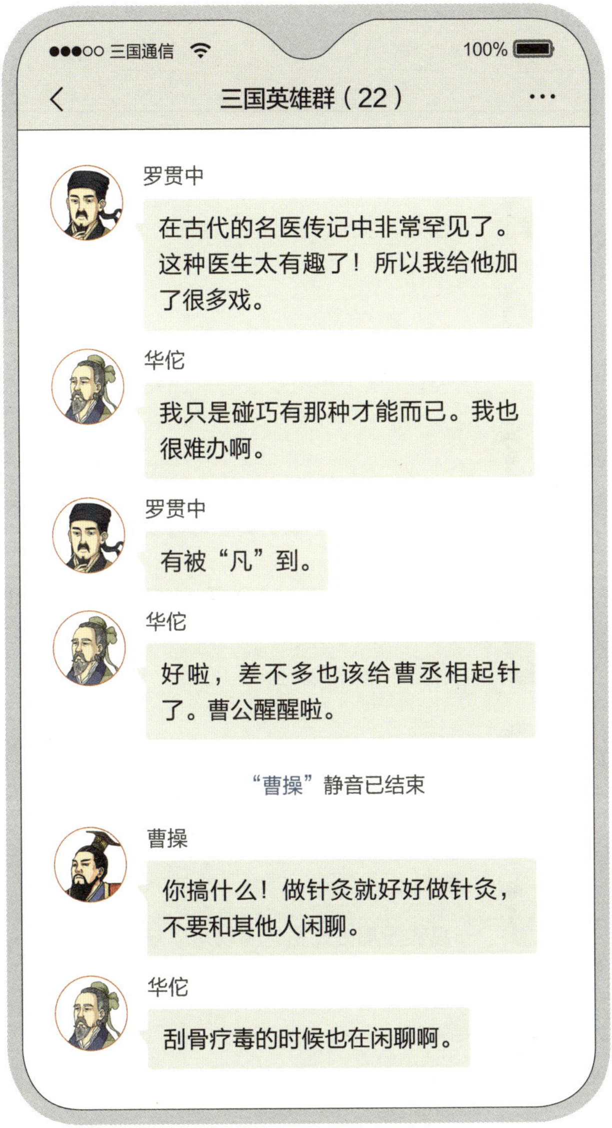

●●●○○ 三国通信
100%
三国英雄群（22）
罗贯中
在古代的名医传记中非常罕见了。这种医生太有趣了！所以我给他加了很多戏。
华佗
我只是碰巧有那种才能而已。我也很难办啊。
罗贯中
有被“凡”到。
华佗
好啦，差不多也该给曹丞相起针了。曹公醒醒啦。
“曹操”静音已结束
曹操
你搞什么！做针灸就好好做针灸，不要和其他人闲聊。
华佗
刮骨疗毒的时候也在闲聊啊。

●●●○○ 三国通信
100%
三国英雄群（22）
曹操
那是关羽闲聊，不是你闲聊！
华佗
那是后人编排的。正确的姿势是患者闭嘴，我闲聊。
曹操
没听说过。虽然正史上刮骨疗毒不是你，但关羽确实有刮骨疗毒的事迹！
关羽
你说，我聊了什么？
曹丕
先别管关羽聊了什么，正常诊治的话还是严肃些好吧！都别闲聊了。
华佗
其实没那么严格，闲聊可以缓解紧张情绪。
曹操
我不紧张。

●●●○○ 三国通信
100%
三国英雄群（22）
华佗
我紧张啊！
曹操
你紧张什么啊！难道我会杀了你？
华佗
不然是谁杀了我？

敲黑板

《伤寒杂病论》：中国医学史上影响最大的著作之一，作者张仲景。本书主要论述外感病与内科杂病，系统地论述了伤寒发生的原因、症状、各阶段的发展和治疗方法，确立了“六经辨证”的治疗原则，奠定了理、法、方、药的理论基础，被视为中医临床的圭臬。《伤寒杂病论》原书散佚，后被重新收集整理，并分为《伤寒论》和《金匮要略》。

张仲景，名机，字仲景，汉末医学家，被后世尊为“医圣”。张仲景与华佗、董奉并称为“建安三神医”。

●●●○○ 三国通信
100%
三国英雄群（22）
曹操
我不轻易杀人，只是偶尔借人头一用……
华佗
好家伙，我给你治疗脑袋，结果还把自己脑袋赔进去了？
曹操
你放心，汝妻子，我养之！
华佗
不了吧，我妻子生了病，我怕您不会治。
曹操
马上去查询你老婆有没有真的生病，如果没有的话，你这可是欺君之罪……

●●●○○ 三国通信
100%
三国英雄群（22）
吕布
这脑袋看来真得赔进去了。
罗贯中
检测到群成员曹操将要做出暴力行为，已禁言。
曹丕
没发生的事凭什么禁言？给我爸解开！
罗贯中
暴力威胁机器人也会被禁言。确定继续吗？
孙权
继续！把这个机器人弄没了我们就会快乐多了。
罗贯中
下一个备选机器人是刘义庆。
曹丕
那还是算了。

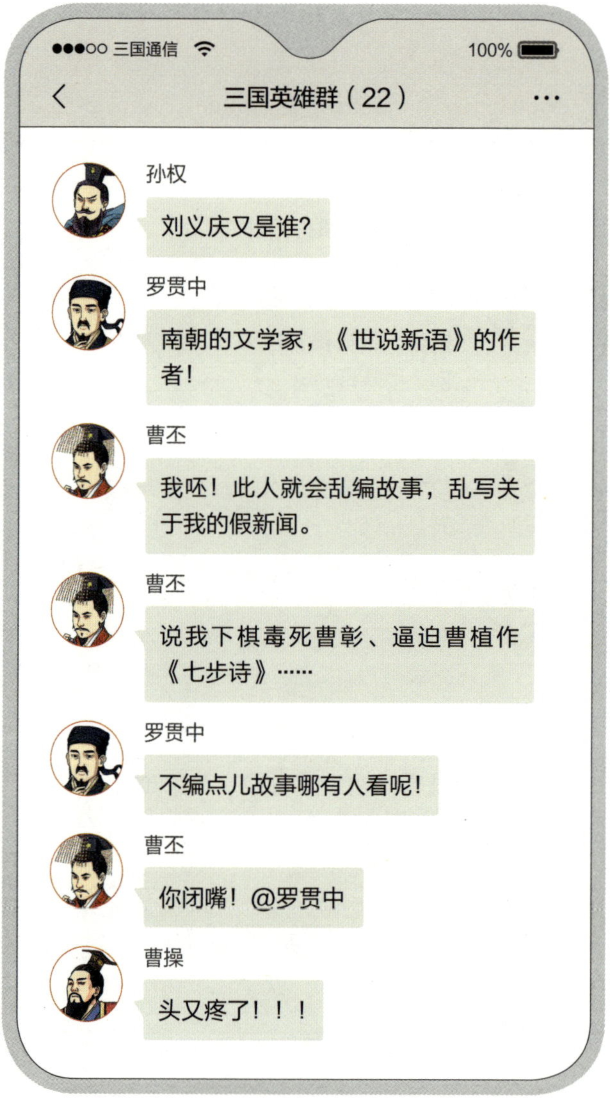
●●●○○ 三国通信
100%
三国英雄群（22）
孙权
刘义庆又是谁?
罗贯中
南朝的文学家，《世说新语》的作者！
曹丕
我呸！此人就会乱编故事，乱写关于我的假新闻。
曹丕
说我下棋毒死曹彰、逼迫曹植作《七步诗》……
罗贯中
不编点儿故事哪有人看呢！
曹丕
你闭嘴！@罗贯中
曹操
头又疼了！！！

●●●○○ 三国通信
100%
三国英雄群（22）
华佗
忘了告诉曹公，恢复期可以练练五禽戏，是我发明的一种体操。
华佗
遇事莫生气，多练五禽戏，做人不容易，生气伤身体。
曹丕
行吧，知道了。

敲黑板

华佗的结局：史书记载，华佗擅长医术，但常后悔以此为业。据《三国志·华佗传》载：“佗之绝技，凡此类也。然本作士人，以医见业，意常自悔，后太祖亲理，得病笃重，使佗专视。”

不过华佗能治疗曹操的头风，故曹操希望华佗做自己的“专职医生”。华佗认为曹操的头风只能缓解，不能治愈，又因离家太久思念家人，故称收到家书需要回家，回家后又称妻子生病拒绝回朝。曹操多次派人去请都没请动，最终发现华佗欺骗自己，将其下狱，华佗后死于狱中。在《三国演义》中，因华佗提出开颅法，曹操怀疑他要借机杀掉自己，因而杀了华佗。狱卒烧掉了华佗的著作。这段显然是演义虚构的。

🔈 刘义庆与《世说新语》：刘义庆是南朝文学家，《世说新语》的编纂者。《世说新语》是志人小说的代表作品，对后世笔记小说影响深远。这部书主要记述了魏晋时期名士的逸事。《世说新语》中记述了许多正史中不存在的故事，如曹丕下棋毒死曹彰、逼迫曹植作七步诗、在曹操死后自纳曹操宫人等。

🔈 五禽戏：由华佗创造的养生功法。《后汉书》记载："佗语普曰：'……吾有一术，名五禽之戏：一曰虎，二曰鹿，三曰熊，四曰猿，五曰鸟。亦以除疾，兼利蹄足，以当导引。体有不快，起作一禽之戏，怡而汗出，因以著粉，身体轻便而欲食。'普施行之，年九十余，耳目聪明，齿牙完坚。"

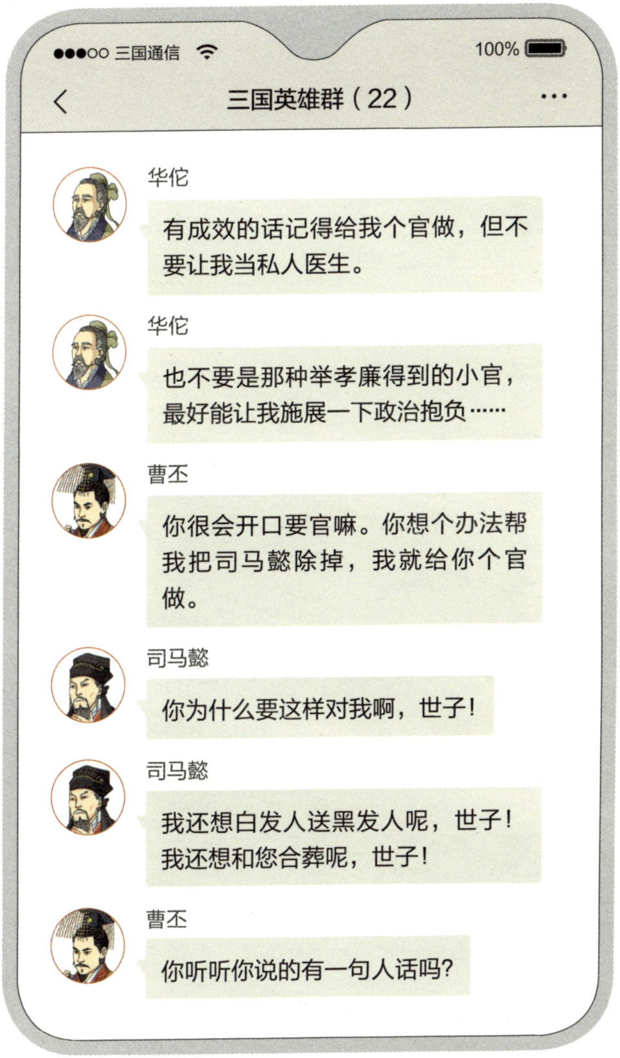
●●●○○ 三国通信
100%
三国英雄群（22）
华佗
有成效的话记得给我个官做，但不要让我当私人医生。
华佗
也不要是那种举孝廉得到的小官，最好能让我施展一下政治抱负……
曹丕
你很会开口要官嘛。你想个办法帮我把司马懿除掉，我就给你个官做。
司马懿
你为什么要这样对我啊，世子！
司马懿
我还想白发人送黑发人呢，世子！我还想和您合葬呢，世子！
曹丕
你听听你说的有一句人话吗?

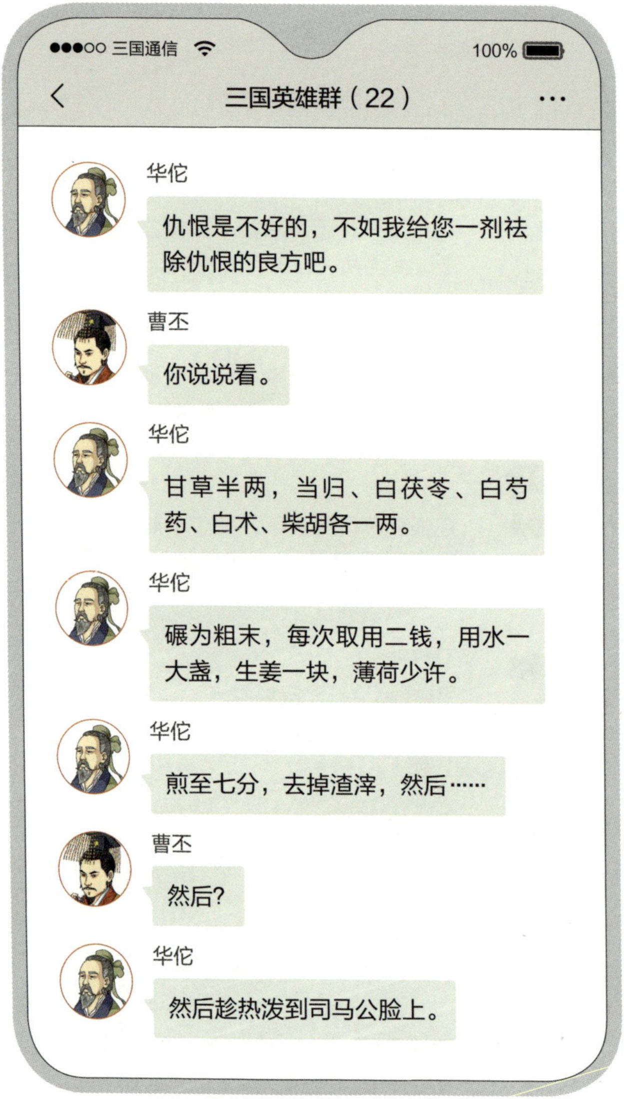
●●●○○ 三国通信
100%
三国英雄群（22）
华佗
仇恨是不好的，不如我给您一剂祛除仇恨的良方吧。
曹丕
你说说看。
华佗
甘草半两，当归、白茯苓、白芍药、白术、柴胡各一两。
华佗
碾为粗末，每次取用二钱，用水一大盏，生姜一块，薄荷少许。
华佗
煎至七分，去掉渣滓，然后……
曹丕
然后？
华佗
然后趁热泼到司马公脸上。

司马懿与曹丕合葬首阳山：司马懿早年与曹丕交好，为“太子四友”之一。曹丕临死前，将其子曹叡托付给司马懿。曹丕死后葬于首阳山，司马懿亦葬于首阳山，但两人分葬于首阳山的两面。

逍遥散：文中所列举的药方是中医方剂逍遥散，按文中的用料和方法，趁热服用，不拘时候，具有疏肝解郁、调和肝脾、养血健脾的功效。

拾

都是三国打工人：

和和美美才是真

●●●○○ 三国通信
100%
三国英雄群（22）
鲁肃
公瑾！主公坚持和公孙渊交好这回事，你当时是怎么看的?
周瑜
我能怎么看？我躺着看！
曹操
奇怪，鲁肃你怎么不问问周瑜为什么不去给诸葛亮吊丧?
鲁肃
哦，也是。那时候公瑾已经死了！
周瑜
……
鲁肃
想起来当时张昭够辛苦的，怎么劝主公都没用。
孙权
？？？

●●●○○ 三国通信
100%
三国英雄群（22）
孙权
也不知道主公当时非要和辽东结盟意义何在，远交近攻也不是这种搞法。
周瑜
他不听张昭的话也不是一次两次了。
周瑜
不过张昭总比被流放了一路的虞翻好一点儿。
孙权
？？？
鲁肃
虞翻真的惨。虽然他在政治上没能有所建树，但文学成就却不小。
鲁肃
或许是某种“文章憎命达”吧。

●●●○○ 三国通信　　　　100%

〈　三国英雄群（22）　···

诸葛亮

自古有才能的人无处施展拳脚，都只能寄情于文章了。

孙权

孔子周游列国未受重用，《论语》却流传世间。

孙权

司马迁得罪汉武帝遭受极刑，《史记》却成为旷世之作。

孙权

从某种意义上说，虞翻还得感谢我！

鲁肃

(－‿－)

周瑜

(－‿－)

罗贯中

深有体会！我本来也是有志图王的。

●●●○○ 三国通信　　100%

三国英雄群（22）

罗贯中

但是那位“张吴王”（张士诚）一点儿也不听劝。

罗贯中

后期甚至还要对元朝投降，我只好退而著书，才写出《三国演义》。

孙权

你跟人家能相提并论吗？人家无处施展写出了照耀长夜的经典。

孙权

你无处施展就写出这么一万恶之源！

罗贯中

……

周瑜

罗贯中，我被孔明气死、伯符被于吉吓死这种事你是怎么想的！

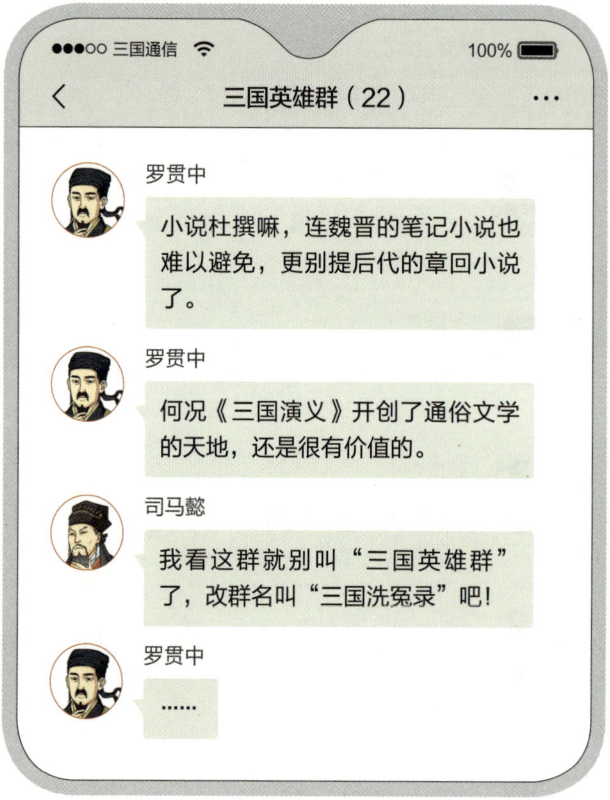

●●●○○ 三国通信
100%
三国英雄群（22）
罗贯中
小说杜撰嘛，连魏晋的笔记小说也难以避免，更别提后代的章回小说了。
罗贯中
何况《三国演义》开创了通俗文学的天地，还是很有价值的。
司马懿
我看这群就别叫“三国英雄群”了，改群名叫“三国洗冤录”吧！
罗贯中
……

敲黑板

进言鬼才虞翻与他的文学成就：虞翻性格疏朗耿直，曾对孙权“数犯颜直谏”，惹得孙权很不高兴，最终因为惹怒孙权，被流放到交州。虞翻曾为

《老子》《论语》《国语》作注，这些注释都流传于世，尤其精通《易经》，著有《周易注》。他被后世公认为“两汉象数易学集大成者”。

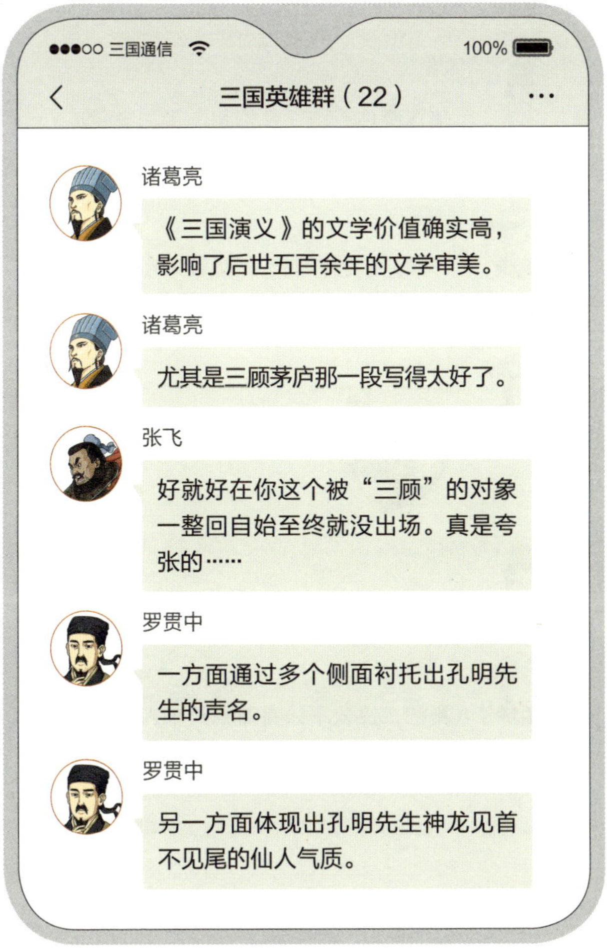

●●●○○ 三国通信
100%
三国英雄群（22）
诸葛亮
《三国演义》的文学价值确实高，影响了后世五百余年的文学审美。
诸葛亮
尤其是三顾茅庐那一段写得太好了。
张飞
好就好在你这个被“三顾”的对象一整回自始至终就没出场。真是夸张的……
罗贯中
一方面通过多个侧面衬托出孔明先生的声名。
罗贯中
另一方面体现出孔明先生神龙见首不见尾的仙人气质。

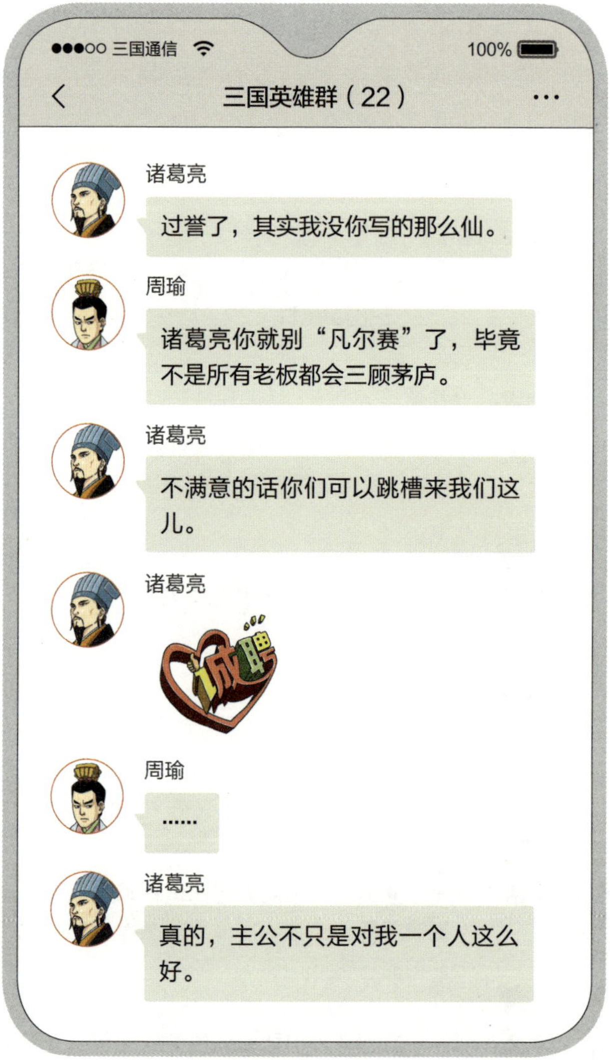
●●●○○ 三国通信
100%
三国英雄群（22）
诸葛亮
过誉了，其实我没你写的那么仙。
周瑜
诸葛亮你就别“凡尔赛”了，毕竟不是所有老板都会三顾茅庐。
诸葛亮
不满意的话你们可以跳槽来我们这儿。
诸葛亮
诚聘
周瑜
……
诸葛亮
真的，主公不只是对我一个人这么好。

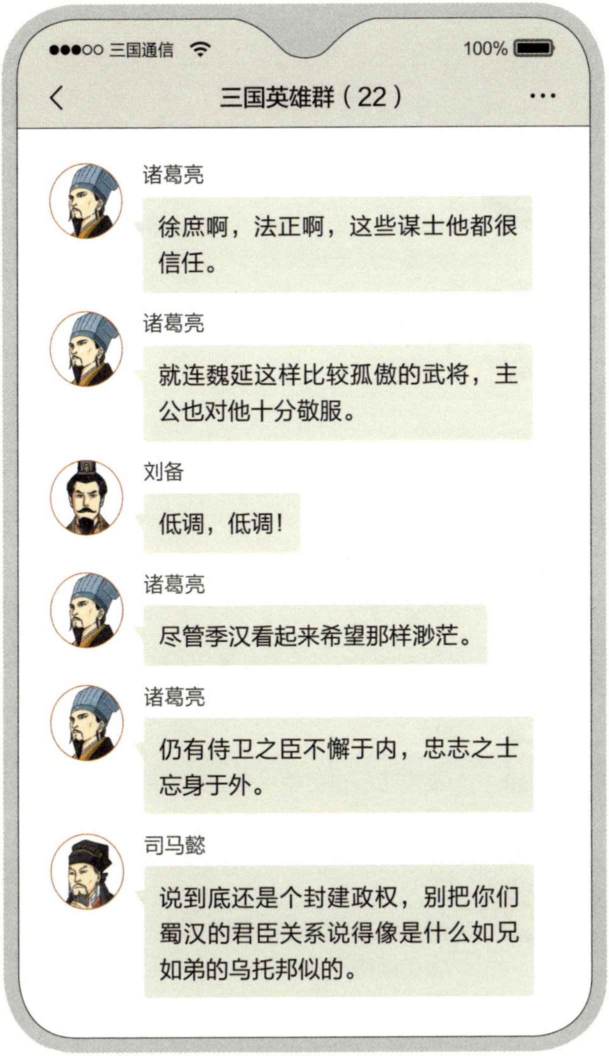
●●●○○ 三国通信
100%
三国英雄群（22）
诸葛亮
徐庶啊，法正啊，这些谋士他都很信任。
诸葛亮
就连魏延这样比较孤傲的武将，主公也对他十分敬服。
刘备
低调，低调！
诸葛亮
尽管季汉看起来希望那样渺茫。
诸葛亮
仍有侍卫之臣不懈于内，忠志之士忘身于外。
司马懿
说到底还是个封建政权，别把你们蜀汉的君臣关系说得像是什么如兄如弟的乌托邦似的。

●●●○○ 三国通信 100%

三国英雄群（22）

张飞

还真是！你是没看到后世的那些结拜弟兄可爱拜我关二哥了！

关羽

低调！

关羽

司马懿

这倒是让我有点儿无话可说！

姜维

其实丞相走后季汉就逐渐衰败下去了。

姜维

您说那段时间大家仍旧齐心，是因为敬服的不只是先主，还有丞相您啊。

●●●○○ 三国通信
100%
三国英雄群（22）
诸葛亮
伯约……
姜维
丞相……
曹丕
愚忠。你们蜀国的马屁我真是一点儿也听不下去。
曹丕
其实对普通人来说，谁统治天下都一样。
姜维
明君、暴君、昏君能一样吗？
曹丕
那你觉得你蜀汉后主刘禅是什么明君吗？
姜维
……

敲黑板

蜀汉谋士天团：

徐庶：字元直，颍川人，原名徐福，在刘备驻新野时投奔刘备，与诸葛亮交好。建安十三年（208），曹操大军南下，在长坂坡击溃刘备军马，俘虏了徐庶的母亲，徐庶因此向刘备请辞，他指着自己的心说："我本来想以此方寸之地与将军共图王霸之业，现如今老母被俘，我的方寸已乱，再也无法帮助将军，就请让我与你告别。"之后，徐庶归降曹操。

庞统：字士元，襄阳人，号称"凤雏"，与诸葛亮齐名。经鲁肃和诸葛亮的推荐，庞统受到刘备的重用。刘备入蜀时，他随同出征，并为刘备献上取蜀三计。刘备采用此三计，斩将夺关，发兵成都，所到之处，尽皆攻克。进取雒县时，庞统率众攻城，中流矢而亡。庞统死后被追赐为关内侯。

法正：字孝直，扶风郿人，建安初年，与孟达入蜀投靠刘璋，未能受到重用。后经张松推荐，法正奉刘璋之命迎接刘备入蜀，他向刘备献策西取益州以成帝业。刘备占据益州后，以他为蜀郡太守、扬武将军，外统都畿，内为谋主。刘备攻取汉中时，他献计乘夏侯渊分兵救援张郃之机，出击渊军，斩杀了夏侯渊。建安二十五年（220），法正去世。后来刘备东征，于夷陵惨败，诸葛亮感叹："如果法孝直还在，就能阻止主上东征，即使不能阻止，若随同东征，也不至于大败而归。"

三国通信
100%
三国英雄群（22）
司马懿
还是说，你觉得诸葛亮是明君？啊呀，这可危险了。
姜维
没有！我没有那种意思，丞相也不会有……
诸葛亮
我做不到明君的地步，倒是司马家的后生有这种希望。

●●●○○ 三国通信
100%
三国英雄群（22）
司马懿
是吗？那我可要谢谢夸奖了。
诸葛亮
厚颜无耻！
曹丕
司马家……西晋第二代皇帝就说出了“何不食肉糜”这种话呢。
司马懿
……
鲁肃
啊，说起来我觉得孔明先生并不是在“凡尔赛”。
姜维
你反射弧够长的。
鲁肃
凭他和刘备的鱼水之情，夷陵之战前不也没劝住刘备吗？

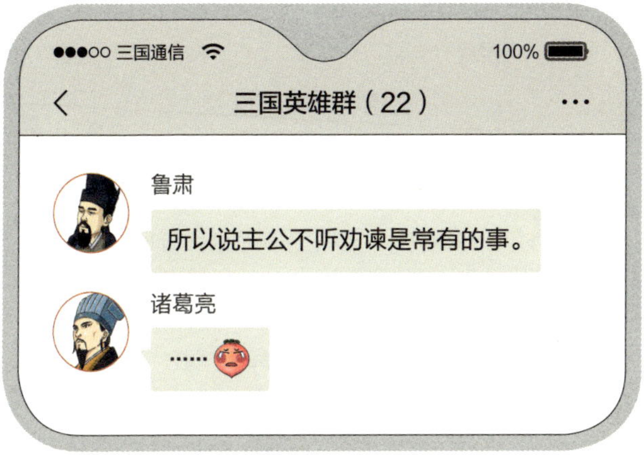
●●●○○ 三国通信
100%
三国英雄群（22）
鲁肃
所以说主公不听劝谏是常有的事。
诸葛亮
……

敲黑板

何不食肉糜：西晋第二代皇帝晋惠帝司马衷是历史上著名的先天智力低下皇帝。据《晋书·惠帝纪》记载：天下荒乱，很多百姓饿死，他居然问："这些饿死的人为什么不吃肉粥呢？（何不食肉糜？）"

●●●○○ 三国通信　100%

三国英雄群（22）

周瑜

好家伙，论踩雷还是子敬在行！

吕布

可惜曹魏的臣子进群的不多，不然这个吐槽大会的哀声还能更多一点儿。

曹操

咱家乐于铲除国贼、为民除害，不满意吗?

吕布

非常满意，我选择加入您家并为您高歌一曲《以父之名》。

曹操

滚！

杨修

国贼是指被送了空食盒的荀彧和被画了壁画的于禁吗?

●●●○○ 三国通信
100%
三国英雄群（22）
司马懿
杨修你自己有怨气不必借别人的名字说话。
杨修
我能没有怨气吗？我明明判断正确了曹公退兵的意思。
杨修
曹公竟然还把我杀了。
曹操
……
司马懿
上司本人未有表示，你身为下属不可以越俎代庖。
司马懿
基本规矩不懂吗？
杨修
……

●●●○○ 三国通信 100%

三国英雄群（22）

司马懿

而且曹公有心退兵，但退兵的具体时机还在待定。

司马懿

你凭什么替他发话？

司马懿

这一次你判断对了，在军中有了声望。

司马懿

下一次你若假传命令时又会发生什么？

杨修

哼，你和曹公果然是一类人。司马夏侯不分家……

司马懿

曹操

●●●○○ 三国通信
100%
三国英雄群（22）
诸葛亮
司马与夏侯都是复姓，我诸葛也是复姓。
诸葛亮
司马家出坏蛋，夏侯家出莽夫。
司马懿
你在这儿大言不惭的，那你诸葛家出啥了？
诸葛亮
诸葛家出智者，我们两口子都足智多谋！
曹操
上次这么无语，还是上次！
诸葛亮
三国里有几位的老婆出名且足智多谋？
周瑜
咳……

●●●○○ 三国通信 100%

三国英雄群（22）

诸葛亮

公瑾，你老婆出名是因为漂亮。

刘备

咳……

诸葛亮

主公，你老婆出名是因为命苦。

刘备

……

曹操

那你诸葛亮的老婆呢？是因为丑吗？

诸葛亮

我又不是只看重颜值、不看重内在的肤浅之人！

曹操

呵呵！都说你诸葛家忠心，别人全家都是把命运系在一个国家上，你们诸葛家倒好，魏国诸葛诞，蜀国诸葛亮，吴国诸葛瑾，三国三家都有你们的人。

敲黑板

曹操与夏侯家：据裴松之注《三国志》引用《曹瞒传》记载，曹操的父亲曹嵩，本姓夏侯，因为做了宦官曹腾的养子而改姓曹。曹操和夏侯家本是同族。

“狡兔三窟”的诸葛氏：琅邪诸葛氏一族的诸葛诞、诸葛亮、诸葛瑾分别效力于魏蜀吴三个政权且都身居高位。《世说新语·品藻》记载：“诸葛瑾弟亮及从弟诞，并有盛名，各在一国。于时以为‘蜀得其龙，吴得其虎，魏得其狗’。”

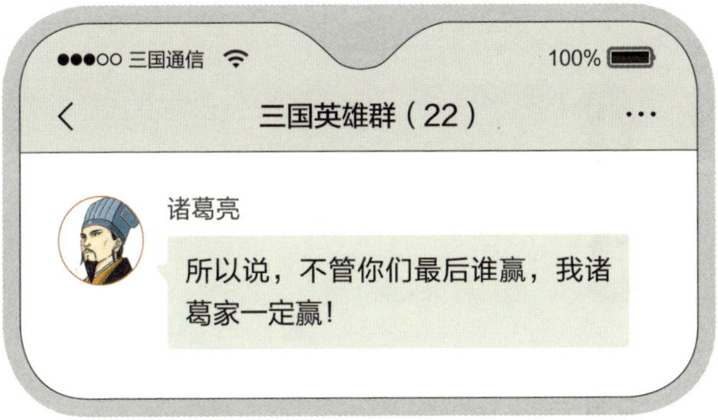

三国通信
100%
三国英雄群（22）
诸葛亮
所以说，不管你们最后谁赢，我诸葛家一定赢！

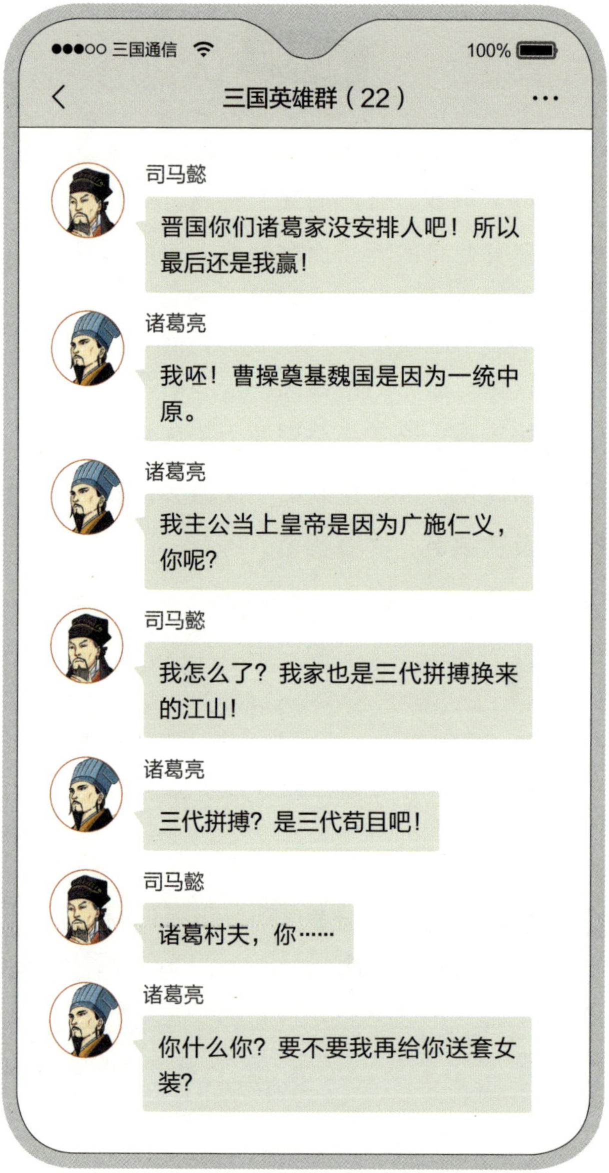
●●●○○ 三国通信
100%
三国英雄群（22）
司马懿
晋国你们诸葛家没安排人吧！所以最后还是我赢！
诸葛亮
我呸！曹操奠基魏国是因为一统中原。
诸葛亮
我主公当上皇帝是因为广施仁义，你呢？
司马懿
我怎么了？我家也是三代拼搏换来的江山！
诸葛亮
三代拼搏？是三代苟且吧！
司马懿
诸葛村夫，你……
诸葛亮
你什么你？要不要我再给你送套女装？

●●●○○ 三国通信
100%
三国英雄群（22）
司马懿
……
曹操
“女装大佬”司马懿，讽刺得好！上酒，我要吟诗！
司马懿
这家伙今天很亢奋哪！
曹丕
我们诗人喝了酒都会这样子的。
诸葛亮
天下生民涂炭，尔等却在饮酒谈诗。
曹操
怎么？村夫不通文法，所以要给文法安上罪名？
关羽
谁说我们丞相不通文法！

●●●○○ 三国通信
100%
三国英雄群（22）
曹操
诸葛亮的《出师表》《诫子书》虽然大家都知道……
曹操
可那毕竟是文章，那不是诗！
关羽
诗歌……是无用的东西！
曹操
那么相比于诗歌，我想血统才是更无用的东西。
刘备
……
关羽
……
诸葛亮
……

●●●○○ 三国通信
100%
三国英雄群（22）
曹操
奏乐！我要吟诗啦！
曹操
魏武挥鞭，东临碣石有遗篇。
曹操
萧瑟秋风今又是，换了人间！
众人
众人
曹丕
好诗！

拾壹

惨遭“魔改”的他们：

机器人罗贯中被群攻

●●●○○ 三国通信
100%
三国英雄群（22）
曹操
机器人呢?
罗贯中
您好，罗贯中时刻为您服务。
曹操
你说说我是个什么人?
罗贯中
您是个英雄。
曹操
真的吗?
罗贯中
您是历史的功首。
曹操
嘿嘿嘿！
罗贯中
您这样的人，一定会流芳千古。

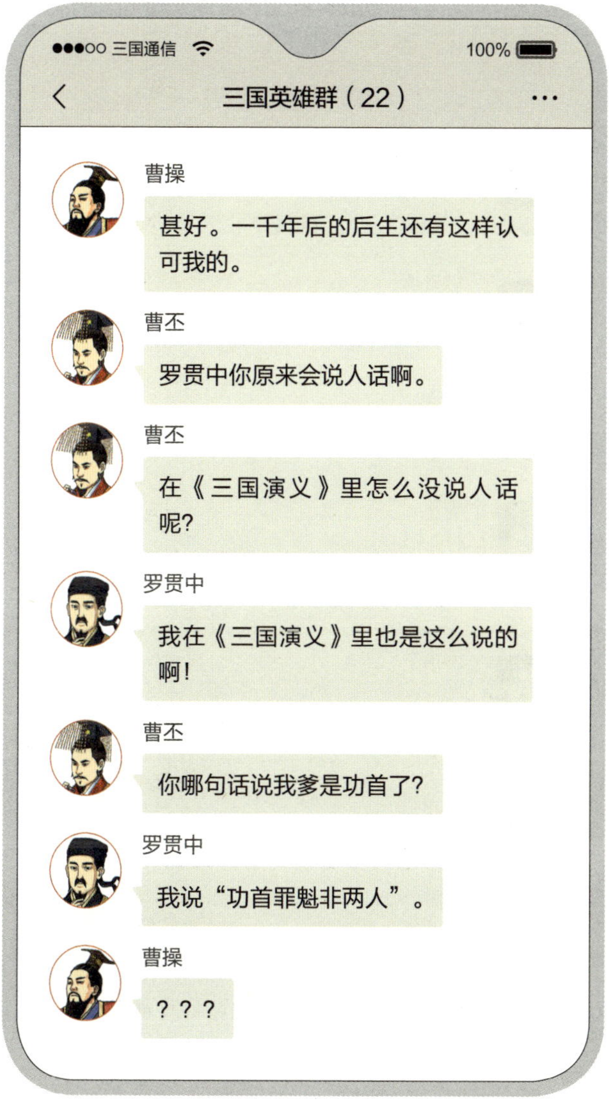
●●●○○ 三国通信
100%
三国英雄群（22）
曹操
甚好。一千年后的后生还有这样认可我的。
曹丕
罗贯中你原来会说人话啊。
曹丕
在《三国演义》里怎么没说人话呢?
罗贯中
我在《三国演义》里也是这么说的啊!
曹丕
你哪句话说我爹是功首了?
罗贯中
我说“功首罪魁非两人”。
曹操
???

●●●○○ 三国通信
100%
三国英雄群（22）
曹丕
也没说过他流芳吧?
罗贯中
“遗臭流芳本一身”。
曹操
？？？
曹丕
等一会儿，虽然你写了，但是我还是觉得不大对味……
罗贯中
是你们对演义的刻板印象太重了吧?
罗贯中
无论儒生批改此书时如何拥刘贬曹……
罗贯中
无论百姓又如何夸大曹公奸恶的一面……

敲黑板

曹操的形象：《三国演义》第七十八回中，曹操去世后作者写下的评诗如下：

邺则邺城水漳水，定有异人从此起。
雄谋韵事与文心，君臣兄弟而父子。

英雄未有俗胸中，出没岂随人眼底？
功首罪魁非两人，遗臭流芳本一身。
文章有神霸有气，岂能苟尔化为群？
横流筑台距太行，气与理势相低昂。
安有斯人不作逆，小不为霸大不王？
霸王降作儿女鸣，无可奈何中不平。
向帐明知非有益，分香未可谓无情。
呜呼！
古人作事无巨细，寂寞豪华皆有意。
书生轻议冢中人，冢中笑尔书生气！

一首赞诗让曹操的英雄气质与野心家气质并重的复杂形象跃然纸上，肯定了曹操的政治才能与文学才能，称他是“不俗”的“异人”。但在明清拥刘贬曹的风气下，曹操通常作为反派形象出现，因此曹操的形象逐渐向“大奸大恶”的方向演变。随着史学研究的不断深入，学者与读者重新解读曹操，将其视为文武全才的英雄。

●●●○○ 三国通信
100%
三国英雄群（22）
孙权
怎么罗贯中在写曹操的时候知道鲜活复杂……
孙权
写刘备和诸葛亮的时候就没注意到这一点呢？
曹操
是啊，那句话怎么说来着？欲显刘备之长厚而似伪……
曹操
状诸葛之多智而近妖……
罗贯中
啊，那是因为昭烈帝和孔明先生不是人！
诸葛亮
？？？
刘备
？？？

●●●○○ 三国通信
100%
三国英雄群（22）
罗贯中
他们是神啊。
曹操
？？？
诸葛亮
夸张了，夸张了！
曹操
太偏心了吧你！刚刚一脸严肃地说塑造人物要鲜活复杂……
曹操
转头就喜笑颜开说刘备、诸葛亮是神，你还有良心吗？！
孙权
能感觉到罗贯中正常写书的时候，他是个业务能力不错的写稿人。
孙权
但是一写到自己喜欢的人物就开始用滤镜糊脑了。

●●●○○ 三国通信
100%
三国英雄群（22）
刘备
但我也有不解的地方，罗先生为什么把我写得总爱哭哭啼啼?
刘备
刘备的江山——哭出来的。
刘备
刘皇叔哭荆州——拿眼泪吓人。
刘备
刘备上黄鹤楼——胆战心惊……
曹操
没错，当年我的几个手下人都能看出刘备不会久居人下。
曹操
他要真是这么总爱哭哭啼啼的……
曹操
哪能吸引到那么多忠志之士死心塌地跟着他?

●●●○○ 三国通信
100%
三国英雄群（22）
罗贯中
这个叫多愁多病身，元代很流行这种“男主”的。
罗贯中
用来吸引女孩子和小忠臣都挺管用的。
孙权
这算什么？审美“娘炮”化，警告！
罗贯中
其实很好理解吧！
罗贯中
民间对“老板”这种角色的选择会更倾向于“温柔敦厚的老板”。
罗贯中
无论怎样总比那种年少气盛、一意孤行喜欢对臣子进行相貌羞辱……
罗贯中
甚至动不动拔刀吓唬人的老板强多了。

●●●○○ 三国通信
100%
三国英雄群（22）
孙权
你在含沙射影谁?
罗贯中
罗贯中时刻为您服务……
孙权
少给我顾左右而言他!
孙权
孙权
我们东吴被你削弱得多惨！前期我们的几次明智举动都被你挪给你的孔明用了!
罗贯中
嗯，其实东吴后期的几次犯蠢行为我也给您一笔带过了，所以算是扯平了吧。

●●●○○ 三国通信　100%

三国英雄群（22）

孙权

扯平个屁啦！

孙权

孙权

你看看人家苏轼、辛弃疾是怎么吹我们东吴阵营的，再看看你！

罗贯中

可是我不准备吹东吴阵营，为什么要参考他们的东西？

孙权

周瑜

冷静，再砍我们要没桌子用了……

敲黑板

刘备与诸葛亮的形象：刘备与诸葛亮君臣鱼水的典故一直作为佳话流传。正史上，诸葛亮具有鞠躬尽瘁的忠心和中流砥柱的政治才能，受到自唐以来许多代文人墨客的推崇，唐宋诗文中有许多称赞诸葛亮的名章名句。刘备也因此被认为是仁慈的明君。

宋元之后民间叙事文学兴盛，为了让观众更直观地感受到诸葛亮的强大，民间话本中出现了“妖道孔明”的形象，刘备则被平面化为仁弱善良的主公。《三国演义》作为民间文学的集大成者和文人的创作作品，更是将诸葛亮的“神通”与刘备的“仁善”刻画到极致。因此《三国演义》对刘备、诸葛亮的刻画曾被鲁迅批评为“欲显刘备之长厚而似伪，状诸葛之多智而近妖”。但从受众范围和影响力的角度看，《三国演义》中诸葛亮的形象塑造在过去的六百余年内无疑获得了巨大的成功。

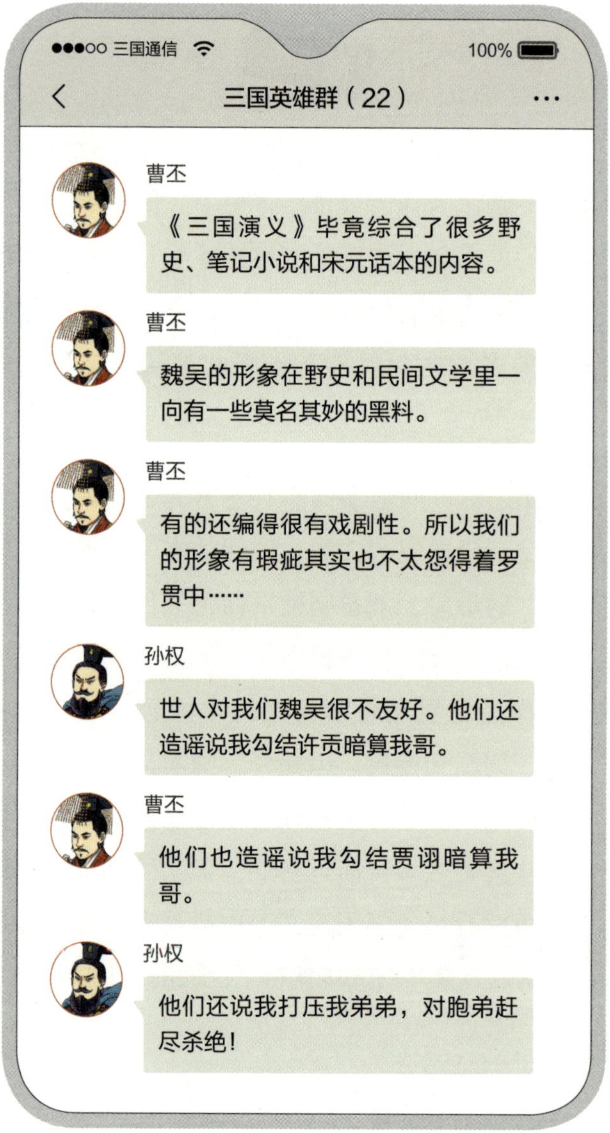
●●●○○ 三国通信
100%
三国英雄群（22）
曹丕
《三国演义》毕竟综合了很多野史、笔记小说和宋元话本的内容。
曹丕
魏吴的形象在野史和民间文学里一向有一些莫名其妙的黑料。
曹丕
有的还编得很有戏剧性。所以我们的形象有瑕疵其实也不太怨得着罗贯中……
孙权
世人对我们魏吴很不友好。他们还造谣说我勾结许贡暗算我哥。
曹丕
他们也造谣说我勾结贾诩暗算我哥。
孙权
他们还说我打压我弟弟，对胞弟赶尽杀绝！

●●●○○ 三国通信
100%
三国英雄群（22）
曹丕
他们也说我打压我弟弟，对胞弟赶尽杀绝！
孙权
你也蛮惨嘛！
曹丕
他们还说我无缘无故以残害功臣为乐。
孙权
他们还说我残害的功臣是公瑾哥！
周瑜
？
周瑜
这个还真是过分了。
孙权
前几个不过分吗？

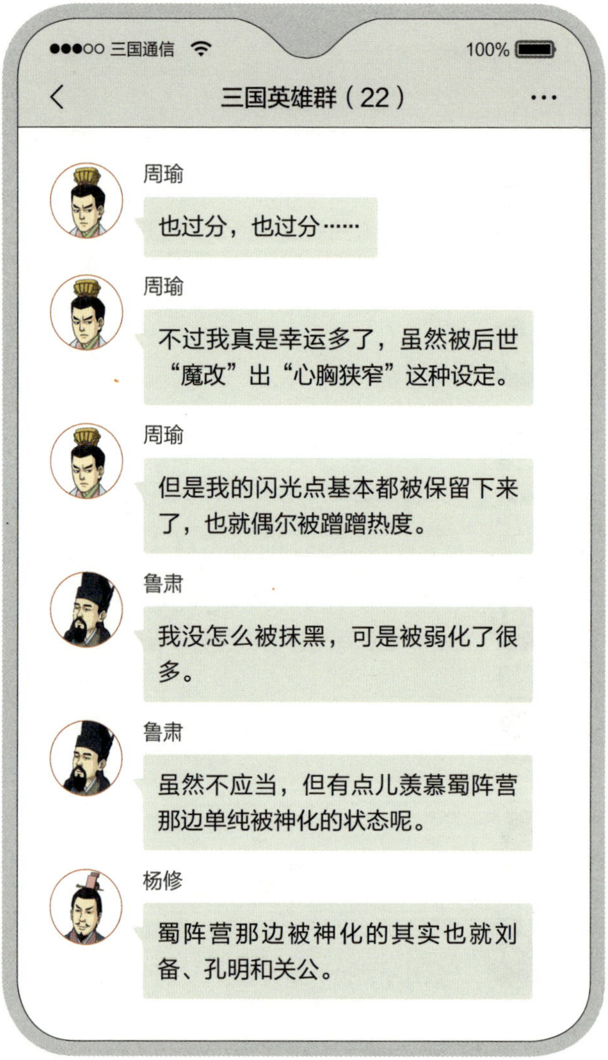
●●●○○ 三国通信
100%
三国英雄群（22）
周瑜
也过分，也过分……
周瑜
不过我真是幸运多了，虽然被后世“魔改”出“心胸狭窄”这种设定。
周瑜
但是我的闪光点基本都被保留下来了，也就偶尔被蹭蹭热度。
鲁肃
我没怎么被抹黑，可是被弱化了很多。
鲁肃
虽然不应当，但有点儿羡慕蜀阵营那边单纯被神化的状态呢。
杨修
蜀阵营那边被神化的其实也就刘备、孔明和关公。

●●●○○ 三国通信
100%
三国英雄群（22）
杨修
也有惨遭“魔改”的，你看张飞！
张飞
！！！
孙权
关羽不就是会读《春秋》的武将吗？
孙权
我家吕蒙也会读书啊！按说你家关羽还是我家吕蒙的手下败将呢！
刘备
呵呵，爱读《春秋》和被主子逼着翻几本书，能一样吗？
关羽
胜我一着又如何？我输是英雄大意，那吕蒙胜是胜之不武！！
周瑜
什么胜之不武！兵者诡道懂不懂？

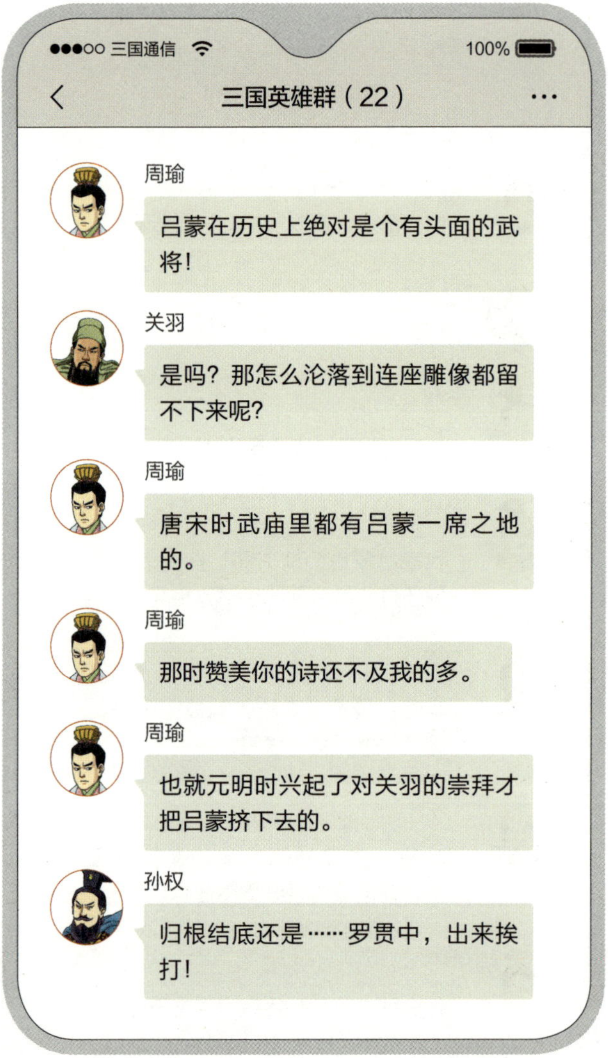
●●●○○ 三国通信
100%
三国英雄群（22）
周瑜
吕蒙在历史上绝对是个有头面的武将！
关羽
是吗？那怎么沦落到连座雕像都留不下来呢？
周瑜
唐宋时武庙里都有吕蒙一席之地的。
周瑜
那时赞美你的诗还不及我的多。
周瑜
也就元明时兴起了对关羽的崇拜才把吕蒙挤下去的。
孙权
归根结底还是……罗贯中，出来挨打！

●●●○○ 三国通信
100%
三国英雄群（22）
罗贯中
崇拜关帝毕竟是众望所归，我也只是个满足百姓对忠义精神追求的破写书的。
孙权
哼！还有那妖道诸葛孔明……
罗贯中
这个倒真的不怪我了，对孔明先生的崇拜是自古以来就有的。
罗贯中
唐代的武庙十哲里就有他了。
关羽
没错，军师的名声本来就很好。
关羽
《三国演义》对他的神化反倒显得丞相不那么端庄了。
关羽
何况现在非常流行反转。

●●●○○ 三国通信
100%
三国英雄群（22）
关羽
于是很多人凭借把神化后的丞相拉下神坛来获得流量。
诸葛亮
……
刘备
这些人动不动就说孔明要架空后主，要求加九锡是谋反……
刘备
分兵北伐是准备自立，一个个还分析得头头是道。
刘备
连《三国志》用了句“龙骧虎视”都要被拿来说事。

敲黑板

武庙十哲：开元十九年（731），唐玄宗为表彰并祭祀历代名将、激励武人建功立业而设置的庙宇。以周朝开国太师姜子牙为主祭，以汉朝留侯张良为配享，并以历代名将十人从之，但唐玄宗时期入选了哪些名将，史书并未记载。

唐肃宗时期确定的武庙十哲为秦武安君白起、汉淮阴侯韩信、蜀汉武乡侯诸葛亮、唐卫国公李靖、唐英国公李勣、汉留侯张良、齐大司马田穰苴、吴将军孙武、楚令尹吴起、赵望诸君乐毅。

🔈 惨遭“魔改”的人物：

曹丕：南朝笔记小说《世说新语》为衬托曹植“不得志天才”的形象，撰录了许多如“七步诗”等描述曹丕曹植兄弟相残、曹丕迫害曹植的典故。曹丕薄情寡义、心狠手辣的形象自此常常出现于文艺作品中。

孙权：宋代一些诗词中孙权常以“有气魄的年轻领袖”的正面形象出现。明清时期的话本戏曲多着重于曹刘正统之争，孙权的形象有所弱化。历史上的孙权身为君王确实有刻薄寡恩、不听谏言的一面，因而有人做出诸如孙权坑害亲兄或孙权夺周瑜兵符等故事构想，这类构想或创编多为无稽之谈。

🔈 关羽的英雄末路：曾有外国读者表示，《三国演义》中关羽的死亡令人感到震惊而不能接受。对于中国读者来说，关羽的“失荆州”“走麦城”是印在童年记忆中的，因此带来的震惊感或许没有那么强烈。不过对将关羽塑为“义绝”神像的《三国演义》而言，关羽败亡的一连串紧凑剧情引发了几代人的叹惋之声。

🔈 吕蒙读书记：《资治通鉴》记载了一则关于“吕蒙读书”的有趣典故。吕蒙原先不爱读书，孙权说他身为手握实权掌管军务的人不可不读书，吕蒙常常以事务繁重为由推托。孙权有一日终于大怒道：“我让你读书难道是让你去做学官吗？我不过是让你有些涉猎，懂些历史罢了！你说事务繁忙，难道比我还忙吗？我就经常读书，我觉得大有裨益。”于是吕蒙迫不得已开始读书学习。一日，他与鲁肃一起谈论时，鲁肃惊讶于他学习后的谈吐，赞叹道：“你现在的才能谋略，已经远非先前的‘吴下阿蒙’了！”吕蒙也笑说：“士别三日当刮目相看。你认清楚事物也太晚了吧！”

这个典故留下了两个成语：“吴下阿蒙”多指代学识浅薄的人；“士别三日，当刮目相待”指要善于用变化、发展的眼光看待他人。

●●●○○ 三国通信
100%
三国英雄群（22）
刘禅
真是的！现代人怎么把这种文字狱似的玩意儿搞到三国时代来了？
刘禅
这种艺术对我们而言过于超前。
罗贯中
我不理解。看史诗小说不就是看封建君臣情嘛，搞反转的意义何在啊？
司马懿
格局小了，封建君臣情哪有阴谋论有意思？现在的人有的喜欢看反转、刺激！

●●●○○ 三国通信
100%
三国英雄群（22）
罗贯中
我懂了。就是得说匡扶汉室曹孟德，忠心为民司马昭，格局齐天刘阿斗，以少胜多孙仲谋，是吧？
曹操
你懂了个锤子！
众人
众人

拾贰

“内卷”只为争第一：

衮衮诸公，济济一堂，看看谁最厉害？

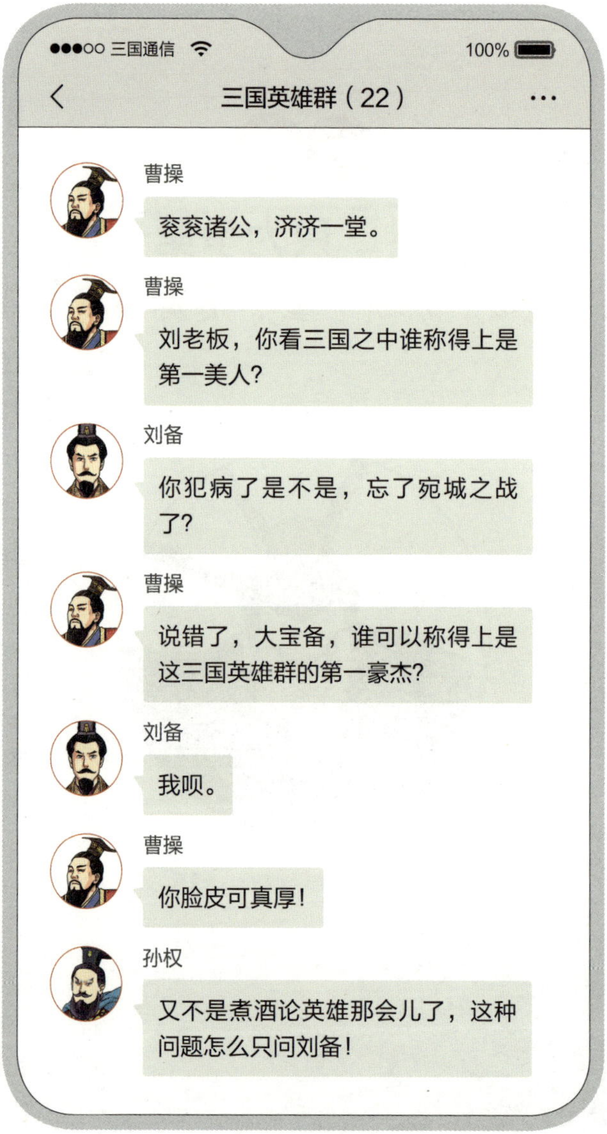
●●●○○ 三国通信
100%
三国英雄群（22）
曹操
衮衮诸公，济济一堂。
曹操
刘老板，你看三国之中谁称得上是第一美人？
刘备
你犯病了是不是，忘了宛城之战了？
曹操
说错了，大宝备，谁可以称得上是这三国英雄群的第一豪杰？
刘备
我呗。
曹操
你脸皮可真厚！
孙权
又不是煮酒论英雄那会儿了，这种问题怎么只问刘备！

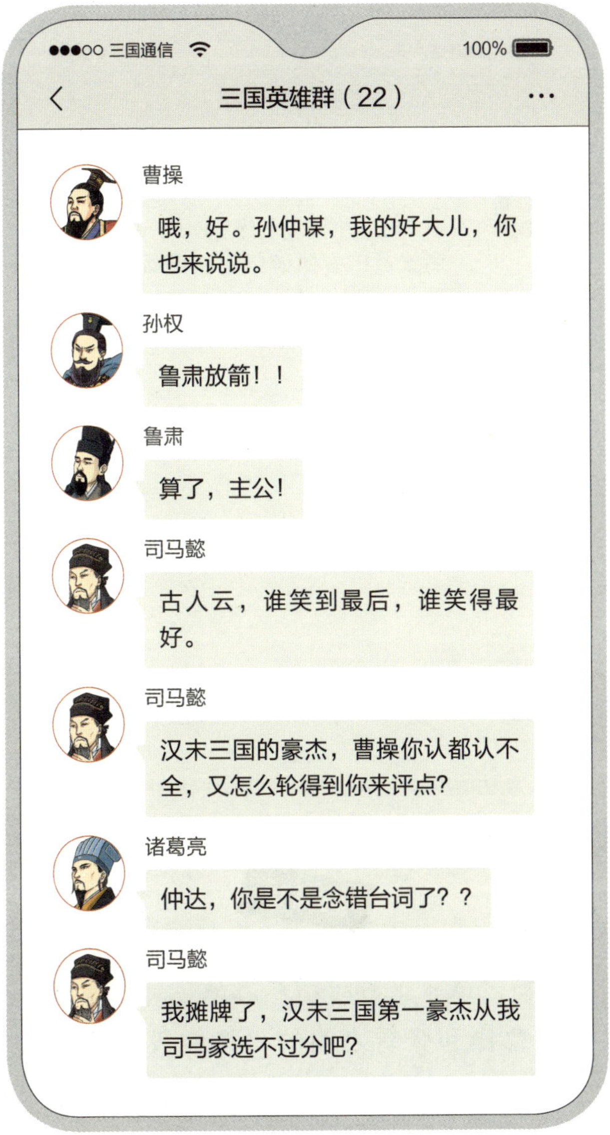
●●●○○ 三国通信
100%
三国英雄群（22）
曹操
哦，好。孙仲谋，我的好大儿，你也来说说。
孙权
鲁肃放箭！！
鲁肃
算了，主公!
司马懿
古人云，谁笑到最后，谁笑得最好。
司马懿
汉末三国的豪杰，曹操你认都认不全，又怎么轮得到你来评点?
诸葛亮
仲达，你是不是念错台词了？？
司马懿
我摊牌了，汉末三国第一豪杰从我司马家选不过分吧?

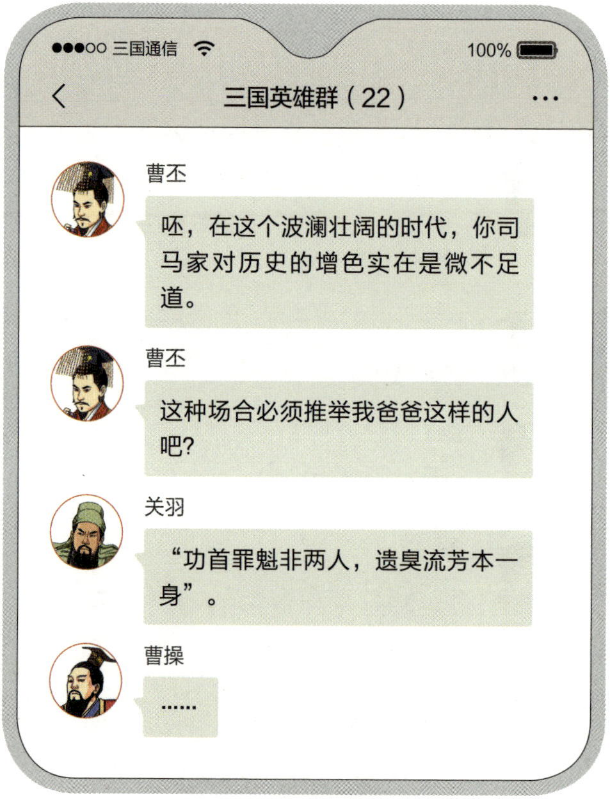

●●●○○ 三国通信
100%
三国英雄群（22）
曹丕
呸，在这个波澜壮阔的时代，你司马家对历史的增色实在是微不足道。
曹丕
这种场合必须推举我爸爸这样的人吧?
关羽
“功首罪魁非两人，遗臭流芳本一身”。
曹操
……

敲黑板

宛城之战：又称“淯水之战”，是东汉末年发生在曹操和张绣之间的一场战役。建安二年（197），军阀张绣驻扎于宛城，南接荆州刘表，是曹操的肘腋之患。曹操进攻张绣，张绣率众投降。曹操邀请张绣及其麾下众人一同置酒高会，并纳张绣族叔的遗孀邹氏为妾。张绣因此事恼恨，后在贾诩建议下造反，奇袭曹营。曹操轻骑逃走，大将典韦及曹操长子曹昂、侄子曹安民战死。对于曹操而言，宛城之战无疑是一次损失惨重的军事行动。

●●●○○ 三国通信 100%

三国英雄群（22）

孙权

既然你叫我一声大帝，那我也摊牌了！我少年统业，扬名赤壁……

孙权

广开海运，探索台湾。竞选第一豪杰，你们多多投票。

曹操

扬名赤壁？你就劈了个桌子而已。

曹丕

探索台湾你也别说了，卫温、诸葛直到台湾只经营了一年，回来就被你砍了。

孙权

……

刘禅

说到年少统业的话，我还在襁褓中的时候就和赵子龙一起七进七出……

●●●○○ 三国通信
100%
三国英雄群（22）
刘备
闭嘴吧你！
刘禅
……
曹操
刘老板总算又说了句话。刚刚那么久，怎么一言不发呀？
刘备
备肉眼安识英雄？你们多听我家丞相说话就好。
曹操
嘿嘿，既然刘老板这么说了，那我就说了……
刘备
没说你。“我家丞相”说的必然是孔明。你想哪儿去了？
曹操
……

●●●○○ 三国通信
100%
三国英雄群（22）
关羽
曹操愿意来“我家”当丞相也不是不行。
曹操
“你家”不就是“汉家”？我不正是汉家的丞相?
诸葛亮
妄想当我前任！你简直厚颜无耻！
曹操
……

敲黑板

东吴探索台湾：《三国志 · 吴主传》记载，孙权曾派遣将军卫温、诸葛直率领甲士万余人攻打夷洲（也就是台湾）、亶洲（可能是日本）。亶洲遥远未能抵达，因此最终只攻克夷洲，俘获夷洲一千余人回朝。卫温和诸葛直被孙权以“违诏无功”之罪下狱处死。

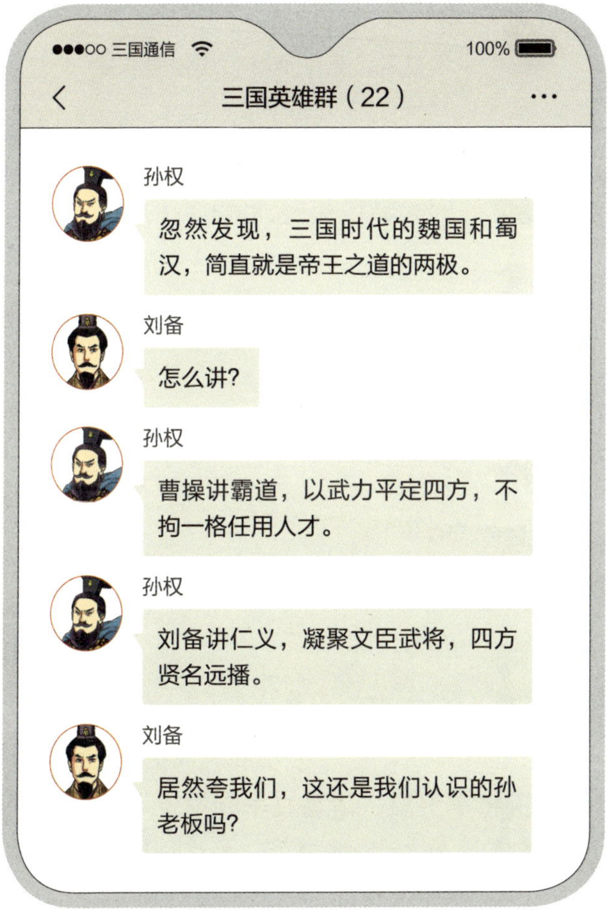

●●●○○ 三国通信
100%
三国英雄群（22）
曹操
所以说，天下英雄，唯使君与操耳。
孙权
我夸你们，你们都不夸我吗？
孙权
再说，都是团队的领军者，你们俩玩从来不带我！
曹操
行行行，夸你，生子当如孙仲谋！
孙权
诸葛亮
孙权说行仁义算是说对了，我奉昭烈皇帝之命入蜀。
诸葛亮
只为三件事：仁政，仁政，还是仁政。

敲黑板

黄巾起义：中国历史上东汉末年发生的规模最大的农民起义之一，属于宗教形式组织的民变。始于汉灵帝光和七年（184），对东汉朝廷的统治产生了巨大的冲击。虽然起义失败了，但各地军阀皆以平息黄巾军叛乱为由拥兵自重，客观上造成了东汉末年军阀割据的局面。

黄巾军领袖张角，早期学习《太平要术》及一些民间医术来救助百姓，得到很多人的拥护。他借此创立了太平道，信众多达数十万。黄巾军以“苍天已死，黄天当立，岁在甲子，天下大吉”为口号，意图推翻汉朝，建立黄巾军的政权。

●●●○○ 三国通信
100%
三国英雄群（22）
孙权
那你当年咋没看上我哥？我哥那可是亲手铲除过封建迷信。
曹操
郭嘉当年跟我说，你哥孙策“轻而无备”，虽然有百万之众的追随，却“无异于独行中原……必死于匹夫之手”。
曹操
从某种意义上说，“小霸王”跟项羽很有相似之处。

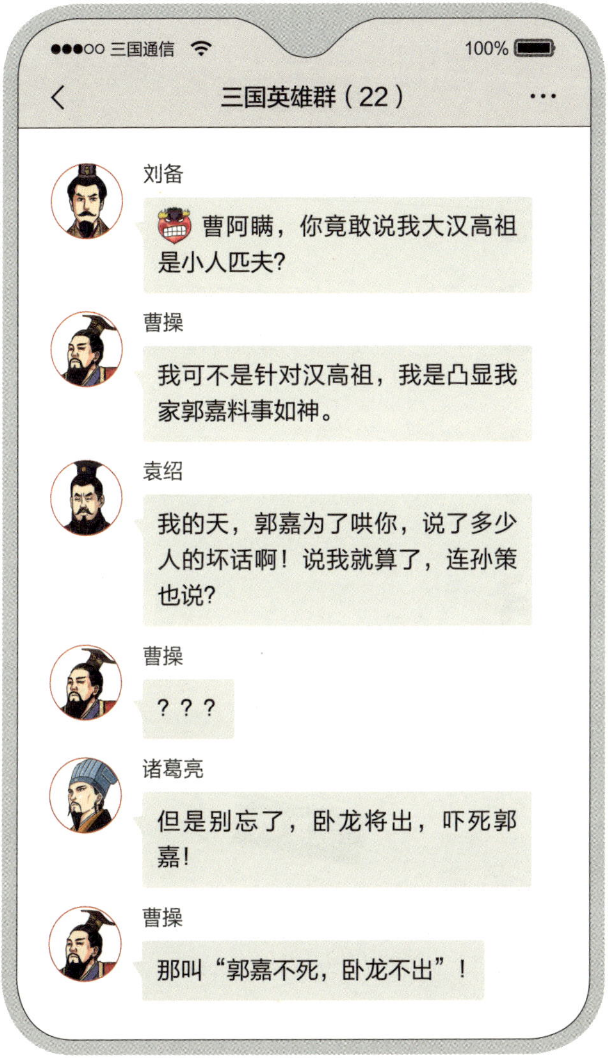
●●●○○ 三国通信
100%
三国英雄群（22）
刘备
曹阿瞒，你竟敢说我大汉高祖是小人匹夫？
曹操
我可不是针对汉高祖，我是凸显我家郭嘉料事如神。
袁绍
我的天，郭嘉为了哄你，说了多少人的坏话啊！说我就算了，连孙策也说？
曹操
？？？
诸葛亮
但是别忘了，卧龙将出，吓死郭嘉！
曹操
那叫“郭嘉不死，卧龙不出”！

●●●○○ 三国通信
100%
三国英雄群（22）
诸葛亮
曹操
啊！悲哉奉孝！哀哉奉孝！痛哉奉孝！！（大声）
华佗
平白无故的你抽什么风！最近有没有好好练五禽戏?
曹操
……

敲黑板

小霸王孙策：孙权的长兄，字伯符。吴国政权奠基人。《三国演义》赋予其绰号“小霸王”，意指其骁勇如西楚霸王项羽。为继承孙坚遗志，他屈身事于袁术。兴平二年（195）起，孙策在袁术的许可下攻克各路军阀，如扬州刺史刘繇、会稽王朗、吴郡严白虎等。建安二年（197），袁术称帝，与孙策决裂。

因平定军阀有功，孙策被东汉朝廷封为骑都尉，承袭父爵乌程侯，兼任会稽太守。建安三年（198），孙策又被封为讨逆将军、吴侯，翌年击败吴江太守刘勋与刘表部将黄祖。夺取豫章郡之后，孙策基本完成了对江东地区的统一。建安五年（200）四月，其在狩猎时死于刺客的伏击。孙权在接掌江东地区称帝后，追封他为长沙桓王。

郭嘉不死，卧龙不出：郭嘉被曹操称为“奇佐”，史书称其为“才策谋略，世之奇士”。在《三国演义》中被追增“遗计定辽东”的剧情，并在后世文艺作品中逐渐成为神机妙算的人物形象。建安十二年（207），郭嘉逝世，巧合的是，同年诸葛亮出山，故民间有“郭嘉不死，卧龙不出”之言，此传言并无考据。

●●●○○ 三国通信
100%
三国英雄群（22）
曹丕
诸葛亮，你不就是想推荐刘备做三国英雄群的第一豪杰吗?
曹丕
绕这么多弯子，好像真的有多少人愿意和他抢这个没意义的头衔似的。
曹操
这没意义?
曹丕
爸爸，您说过“腾蛇乘雾，终为土灰”。
曹丕
反正最后大家都要长眠入土，那这寄身于生命之上的称号又有什么意义呢?
孙权
说得好。那么你为什么要称那个来历不正的帝呢?

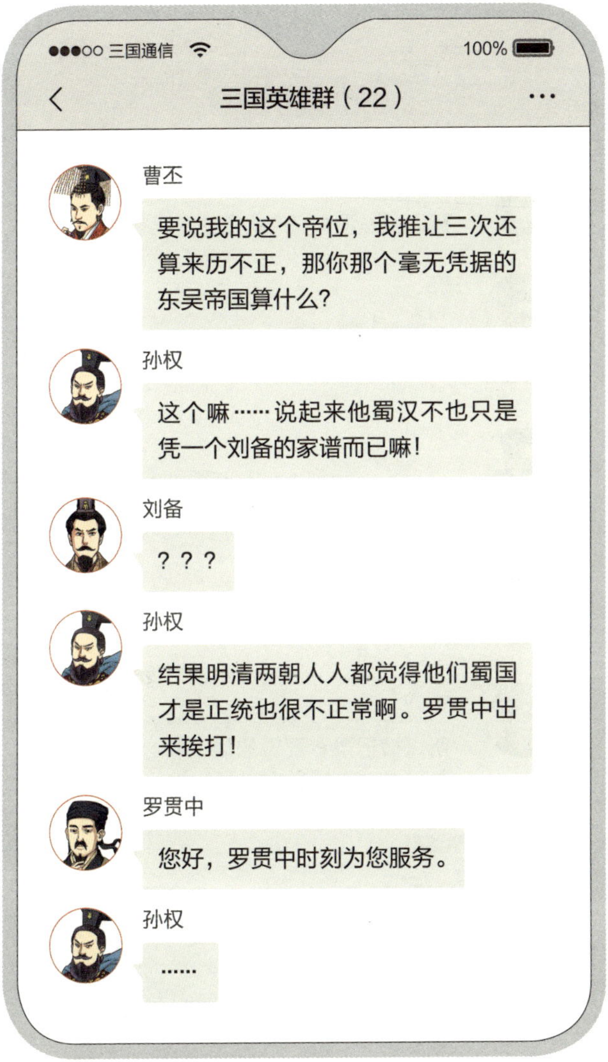
●●●○○ 三国通信
100%
三国英雄群（22）
曹丕
要说我的这个帝位，我推让三次还算来历不正，那你那个毫无凭据的东吴帝国算什么？
孙权
这个嘛……说起来他蜀汉不也只是凭一个刘备的家谱而已嘛！
刘备
？？？
孙权
结果明清两朝人人都觉得他们蜀国才是正统也很不正常啊。罗贯中出来挨打！
罗贯中
您好，罗贯中时刻为您服务。
孙权
……

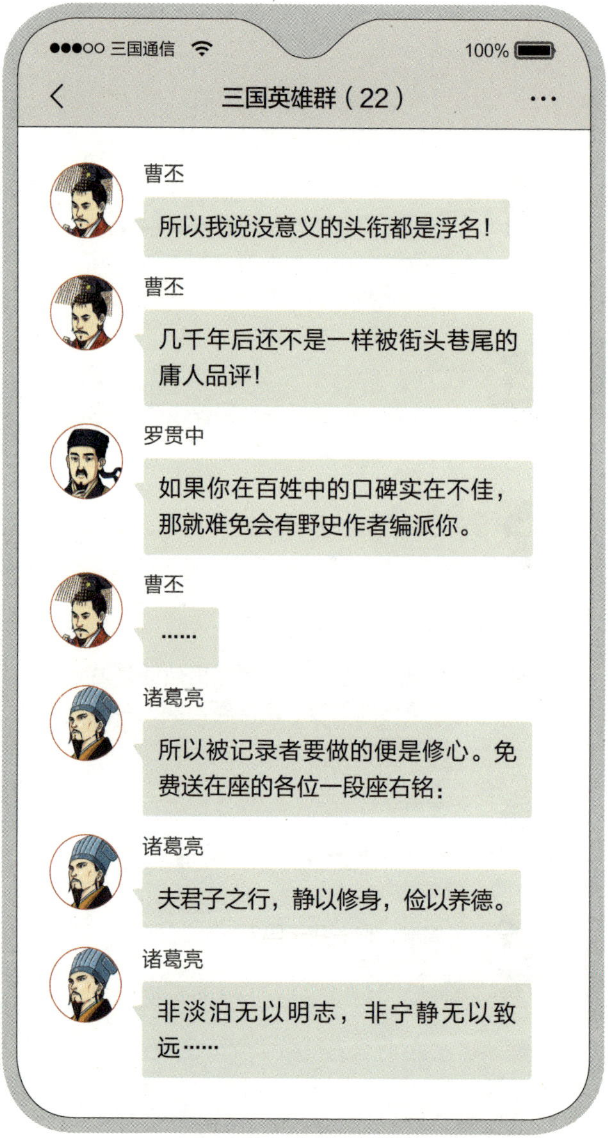
●●●○○ 三国通信
100%
三国英雄群（22）
曹丕
所以我说没意义的头衔都是浮名！
曹丕
几千年后还不是一样被街头巷尾的庸人品评！
罗贯中
如果你在百姓中的口碑实在不佳，那就难免会有野史作者编派你。
曹丕
……
诸葛亮
所以被记录者要做的便是修心。免费送在座的各位一段座右铭：
诸葛亮
夫君子之行，静以修身，俭以养德。
诸葛亮
非淡泊无以明志，非宁静无以致远……

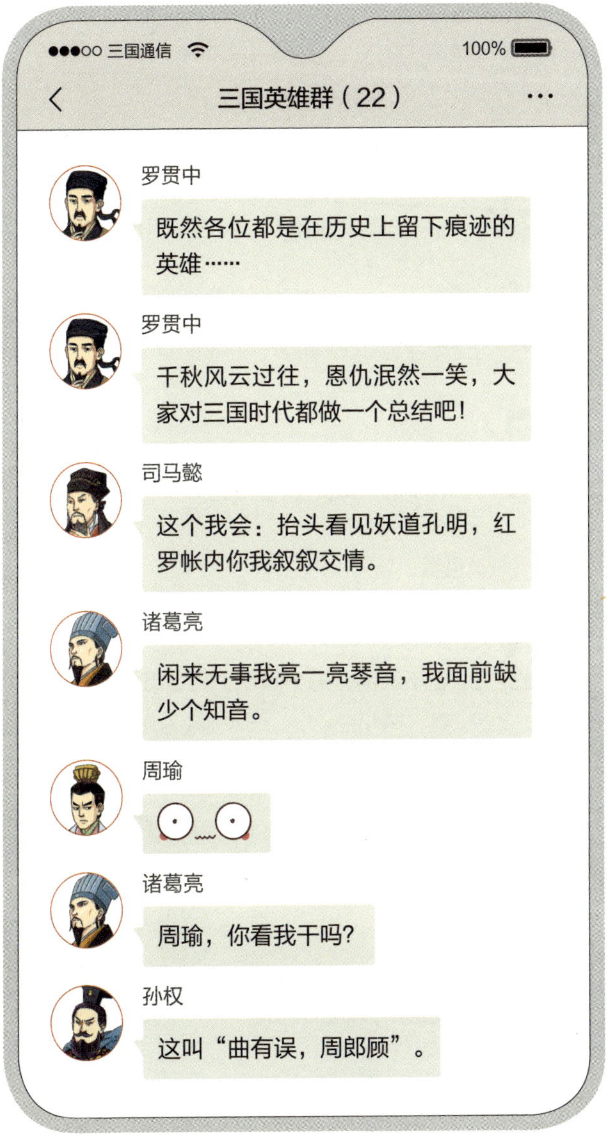
●●●○○ 三国通信
100%
三国英雄群（22）
罗贯中
既然各位都是在历史上留下痕迹的英雄……
罗贯中
千秋风云过往，恩仇泯然一笑，大家对三国时代都做一个总结吧！
司马懿
这个我会：抬头看见妖道孔明，红罗帐内你我叙叙交情。
诸葛亮
闲来无事我亮一亮琴音，我面前缺少个知音。
周瑜
诸葛亮
周瑜，你看我干吗？
孙权
这叫“曲有误，周郎顾”。

●●●○○ 三国通信
100%
三国英雄群（22）
罗贯中
正经点儿，别闹！
杨修
那我们先来吧！
杨修
铮铮傲骨，建安兴国。我大魏，鲸吞中原，诗文不朽。
且看：
曹操
山不厌高，海不厌深。周公吐哺，天下归心。
曹丕
忧来无方，人莫之知。经国大业，不朽盛事。
姜维
仁义礼智，万古芳名。我季汉，卧龙西川，守正人和。

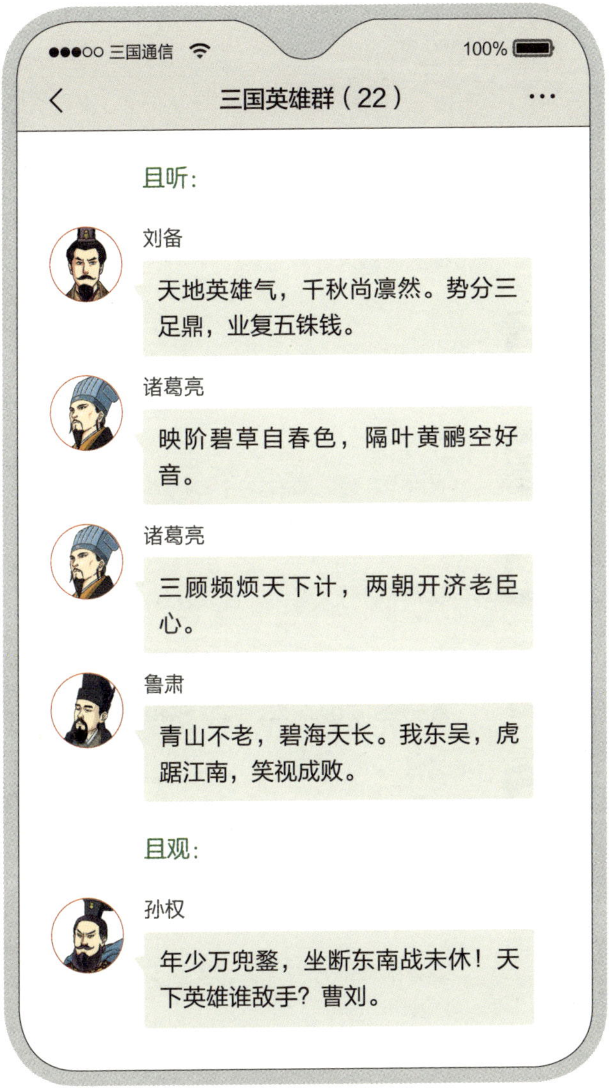
●●●○○ 三国通信
100%
三国英雄群（22）
且听：
刘备
天地英雄气，千秋尚凛然。势分三足鼎，业复五铢钱。
诸葛亮
映阶碧草自春色，隔叶黄鹂空好音。
诸葛亮
三顾频烦天下计，两朝开济老臣心。
鲁肃
青山不老，碧海天长。我东吴，虎踞江南，笑视成败。
且观：
孙权
年少万兜鍪，坐断东南战未休！天下英雄谁敌手？曹刘。

●●●○○ 三国通信
100%
三国英雄群（22）
周瑜
雄姿英发。羽扇纶巾，谈笑间，樯橹灰飞烟灭。
曹操
叹天下，分久必合，合久必分。
刘备
叹天下，分久必合，合久必分。
孙权
叹天下，分久必合，合久必分。
罗贯中
看今朝，大江东去，淘尽风流！
司马懿
好！

敲黑板

🔈 腾蛇乘雾，终为土灰：出自曹操作品《龟虽寿》，体现他对生命本质的哲思和积极进取的心态。

🔈 夫君子之行，静以修身，俭以养德：出自诸葛亮《诫子书》，告诫晚辈要修身慎独。

🔈 忧来无方，人莫之知：出自曹丕的诗作《善哉行》。

🔈 经国大业，不朽盛事：化用自曹丕文论作品《典论·论文》中“盖文章，经国之大业，不朽之盛事”一句。

🔈 司马懿与诸葛亮对话中的台词：司马懿所言出自京剧《胭粉计》，诸葛亮所言出自京剧《空城计》，两剧目均为三国演义后期斗智场面的经典再现，有较高的艺术价值。

🔈 曲有误，周郎顾：出自《三国志》：“瑜少精意于音乐，虽三爵之后，其有阙误，瑜必知之，知之必顾。故时人谣曰：‘曲有误，周郎顾。’”指周瑜工于音律，即使饮酒之后，他人的演奏有阙误他也必然能听出来，听出错误时就会看一看演奏的人。后世便以“顾曲周郎”来形容对艺术有欣赏能力的内行人。

🔈 雄姿英发。羽扇纶巾，谈笑间，樯橹灰飞烟灭：出自苏轼《念奴娇·赤壁怀古》，这首词通过对赤壁古战场的凭吊追念赞颂了周瑜的功业。其中的“江山如画，一时多少豪杰”充分表现了作者的怀古之意与旷达之心。